"十二五"高职高专金融类专业工学结合规划教材

金融产品营销

主　编　逄俊杰　李　剑
副主编　吴茵富　王炳华

中国财富出版社

图书在版编目（CIP）数据

金融产品营销/逄俊杰，李剑主编．—北京：中国财富出版社，2013.5
（“十二五”高职高专金融类专业工学结合规划教材）
ISBN 978－7－5047－4668－9

Ⅰ.①金…　Ⅱ.①逄…②李…　Ⅲ.①金融市场—市场营销学—高等职业教育—教材
Ⅳ.①F830.9

中国版本图书馆 CIP 数据核字（2013）第 075517 号

策划编辑	寇俊玲	责任印制	方朋远
责任编辑	徐文涛　李瑞清	责任校对	杨小静

出版发行	中国财富出版社（原中国物资出版社）		
社　　址	北京市丰台区南四环西路 188 号 5 区 20 楼	邮政编码	100070
电　　话	010－52227568（发行部）		010－52227588 转 307（总编室）
	010－68589540（读者服务部）		010－52227588 转 305（质检部）
网　　址	http://www.cfpress.com.cn		
经　　销	新华书店		
印　　刷	北京东海印刷有限公司		
书　　号	ISBN 978－7－5047－4668－9/F·1935		
开　　本	787mm×1092mm　1/16	版　　次	2013 年 5 月第 1 版
印　　张	10	印　　次	2013 年 5 月第 1 次印刷
字　　数	237 千字	定　　价	28.00 元

"十二五"高职高专金融类专业工学结合规划教材编审委员会

出版说明

金融行业是经营金融商品的特殊行业，它包括银行业、保险业、信托业、证券业、租赁业以及其他。金融行业一直是就业的热点行业。随着我国经济环境的发展变化，金融行业有了新的发展趋势和职业亮点。国家经济发展与企业发展的需求，催生了对大量新生力量以及优质专业教材的需求。在此背景下，我们组织人员，编写了本套"'十二五'高职高专金融类专业工学结合规划教材"系列丛书。

本套丛书具有如下特点：

1. 体现了最新的高职高专教育理念。按照"工学结合"人才培养模式的要求，采用"基于工作过程导向"的设计方法，以工作过程为导向，以项目和工作任务为载体进行应知应会内容的整合，符合教学规律。

2. 定位准确。准确体现金融类专业培养方案及课程大纲的要求，内容紧贴金融类专业的教学、就业实际，以"必需、够用"为标准进行取舍；充分考虑高职高专院校学生认知特点，语言简练、形式新颖、整体风格活泼，符合现代教学授受规律。

3. 内容新颖。根据中国银行业监督管理委员会、中国证券监督管理委员会、中国保险监督管理委员会、国务院国有资产监督管理委员会办公厅等单位颁布的最新法规编写，内容上突出了金融业的新变化。

4. 校企合作开发教材。本套丛书由企业人员与学校一线教师共同开发完成。教师和企业相关人员共同研究教材内容，企业人员提供一线工作资料，教师执笔写作，编写完成后由企业专家审定，保证了教材内容更贴近金融工作实际。

5. 配有电子教学资料包。教师可以登录中国财富出版社网站（http://www.cfpress.com.cn）"下载中心"下载教学资料包，该资料包包括教学指南、电子教案、习题答案，为教师教学提供完整支持。

本套丛书在编写过程中，得到了众多教师、企业人员的大力支持和帮助，他们对教、学、研一体化教学进行了艰辛而有益的探索，为本套丛书的完成奉献了大量的精力和宝贵的时间，在此表示衷心感谢！并恳请各位专家、读者对本套丛书存在的不足之处给予批评和指正。

前 言

随着金融全球化进程步伐的加快，我国金融市场的金融产品和业务类型不断增加。对于金融管理与实务及相关专业的学生而言，掌握一定的金融产品营销知识和技能显得尤为必要。

高职教育的人才培养目标是高端技能型专门人才。为了这一目标的实现，高职院校的金融管理与实务专业、证券与期货专业等每年都召开专业建设研讨会。当地银监会、金融办的领导、商业银行、证券公司、期货公司、典当行、小额贷款公司、担保公司、保险公司等金融企业的专业人士及高职院校的专业老师共同商讨人才培养方案的目标、内容，特别是专业课程体系是否符合当前经济社会发展及学生个人成长的需求。根据专家意见，我们决定编写《金融产品营销》教材。

本书的特点包括以下几个方面。

1. 校企共同开发。以工学结合为切入点，以岗位职业能力培养为目标，以工作过程为导向，根据项目导向、任务驱动和教、学、做一体的教学模式，校企合作开发项目化课程。

2. 课程开发的总体思路为“职业性、实践性与开放性”。课程内容设计上突出职业性，以“就业为导向”作为教学内容设计的准则；在教学内容的组织上，突出实践性；在教学方式设计上，建立以学生为中心的教学理念，强调学生的参与和自主学习，让学生在开放式的教学情境下学习。

3. 理论和实践相结合。本书设计了8个学习项目，包括金融产品营销概述、金融产品营销调研、金融产品营销的渠道策略、金融产品市场推销、金融服务营销、金融企业的广告策略、金融市场营销商务谈判、金融产品市场营销售后服务等学习项目。项目后附有任务检测和实训项目，学生通过对具体任务的学习掌握相关的理论知识，通过实训项目的操作，掌握具体的操作技能，从而全面提升职业素质与职业能力。

全书由逄俊杰、李剑担任主编，负责全书的框架设计与统稿，副主编由吴茵富、王炳华担任。其中，项目一由逄俊杰编写，项目二由王炳华、高巍编写，项目三由吴茵富编写，项目四由王建花编写，项目五由于磊编写，项目六由黄敏编写，项目七由赵红编写（以上编写人员工作单位均为山东经贸职业学院)，项目八由山东商业职业技术学院的李剑编写。

本书编写过程中，中国工商银行潍坊支行、平安保险公司潍坊分公司、齐鲁证券潍坊新华路营业部等金融机构的专业人士在专业调研、岗位分析时，提供了大量的一手材料，对全书进行了审阅，并提出了许多修改意见，在此致以最真诚的谢意！

由于金融产品的日益创新及市场的不断变化，再加上时间紧促，本书难免存在疏漏与不足，敬请专家和读者给予指正。

编　者

2013年3月

目　录

项目一　金融产品营销概述

学习目标

〔知识目标〕

1. 掌握金融产品营销的发展历程；
2. 了解金融产品的类别、特征；
3. 了解金融产品营销的含义与特征；
4. 了解我国实施金融产品营销的必要性；
5. 了解金融产品营销的意义。

〔技能目标〕

1. 能够区分不同类别的金融产品；
2. 能够比较不同类别金融产品的优缺点。

任务一　金融产品营销的发展历程

金融产品营销出现在工商企业市场营销之后，是市场营销在金融领域的发展。基本的市场营销活动通常由市场调查、产品开发、信息沟通、定价分销和售后服务等组成。金融产品营销的发展大致历程如下。

一、金融产品营销萌芽阶段（20世纪50年代末至60年代）

1958年在全美银行联合会议上，第一次提到市场营销在银行的运用。在英国，直到20世纪60年代早期，才有少数几家银行意识到营销研究对其当前经营活动及未来发展都很重要，将营销思想引入到金融领域中来。此时金融产品营销还处于萌芽阶段。

整个20世纪60年代，市场营销在金融服务领域的发展非常缓慢，尽管一些银行开始采用广告等营销手段，但它们还没有充分认识到营销在整个企业运营中的重要作用。

二、金融产品营销发展阶段（20世纪70至80年代）

自20世纪70年代中期以后，许多金融企业开始意识到它们所经营的业务本质上是满足客户不断发展的金融方面的需求，营销创新成为这一时期金融产品营销发展的主流。这一时期西方金融产品营销的特点是从简单的采用营销方法到广泛运用营销思想的转变，市场细分和企业定位是金融企业研究的重点。

20 世纪 80 年代，西方国家的金融服务业发展迅猛，成为整个经济活动中发展最快的产业之一。作为一种组织功能，市场营销无疑已经确立了在金融服务领域的地位。而市场营销作为一种经营哲学所发挥的作用则有待进一步研究。

三、金融产品营销成熟阶段（20 世纪 90 年代以来）

自 20 世纪 90 年代以来，西方国家的金融产品营销出现了一些新的特点。金融产品营销研究的重点开始由银行转向其他金融机构，金融产品营销研究的核心由战略转向关系。国际营销和网络营销成为新的研究热点：营销创新出现新的高潮；金融企业更加强调面对面的服务；开始重新重视零售银行业务。与此同时，其金融产品营销也面临着新的挑战，他们必须解决好下列问题：如何更好地适应环境的迅速变化和保持自己的核心竞争力；如何开展金融业间的战略合作；如何更好地满足客户的个性化需求和提供超值服务；如何开展内部营销；如何面对金融全球化以及对利率市场化做好准备。

第一，金融企业意识到了营销在经营中的重要作用，开始以市场营销为导向，以市场营销的观念来指导企业的活动，金融产品营销成为金融机构经营管理的中心。

第二，金融机构对营销也有了更为深入的理解。在广告促销、服务、产品创新及市场定位之后，开始思考金融产品营销的核心理念。认识到营销应当将广告、促销、创新、定位作为一个整体来看待。金融机构要对金融环境进行分析、预测，从而了解并掌握客户的需求；制订营销目标与营销战略，制订合理的营销计划，从而开展营销工作；金融机构要灵活运用产品、价格、促销与分销等组合来实施计划；同时还要对营销工作实施全面的控制，以避免在营销过程中出现失误或差错。分析、计划、执行、评估和控制等各个环节相互配合，金融产品营销工作就会取得良好的效果，这是银行的“系统营销”观念。金融机构整合企业的所愿资源，培养企业的核心竞争力，创立并保持与客户之间的长期互利的合作关系，这是“整合营销”。

第三，各国的金融产品营销重点出现了分化。各国的金融市场发展不同，为了更好地满足本国客户的需求，在营销活动中形成了不同的侧重点。美国的金融机构向客户提供“一揽子”的服务，将各类金融产品和服务项目进行配套，从整体上满足和解决客户的各种需求，因而“一站式服务”在一些大的金融机构里成为吸引客户的重要口号。欧洲的金融机构也主张提供综合性的金融服务，在德国、荷兰等国家，银行一直遵循着“金融百货公司”的发展思路，可以向客户提供各种金融产品；英国的商业银行于 20 世纪 90 年代也出现了业务集中化的趋势。在亚洲，日本的金融产品营销则侧重于市场细分，许多人认为随着金融自由化和市场竞争的日益激烈，集中提供专门领域服务的金融机构有大量的机会，而综合化发展金融机构并不总是处在有利地位，因此它们强调在营销过程中要确立自己的优势产品，从而占据特定的金融市场。

总之，金融产品营销随着经济的发展、客户需求的变化、金融市场的竞争、金融管制的放松及科技的进步经历了一个由低到高、由零到整的发展过程。

任务二　金融产品营销的含义与特征

一、金融产品营销的概念

在市场经济体系中，金融企业是一组专门为客户提供金融服务以满足客户对金融产品消费需要的服务性企业（商业银行是这组服务性企业的主体），它的营销既与生产消费品、工业品等企业的营销有相似之处，同时又有其自身的特点和规律。金融企业的营销目的为借助精心设计的金融工具以及相关金融服务以促销某种金融运作理念并获取一定收益。为了实现这样的营销目的，金融企业在其经营过程中所采取的营销行为可以是多种多样的，一般可以概括为四个方面：一是产品，主要是开发和提供市场所需要的各种金融产品；二是价格，包括价格设定与调整；三是渠道，包括营销路径设计、网点设置和中间商选择等；四是促销，包括形象定位、广告宣传、公共关系等。上述营销行为并非随意的，而是金融企业在所处经营环境下的自觉选择，故而企业应主动适应其所处政治法律环境、经济技术环境、社会文化环境、国际市场环境、行业竞争环境以及自身资源与发展目标等要求，充分体现了把握机会、应对挑战、扬长避短、趋利避害、适应环境的经营取向。

营销活动一般都有明确的指向，因为金融产品营销的核心是客户、产品、价格、渠道和促销等，营销活动的最终目标是能够满足客户的需要，正如彼得·德鲁克所言：企业的成功不是取决于生产者而是取决于消费者。金融产品营销的主要任务是要将客户的社会需要转化为赢利的机会，即金融产品营销是以适当的产品价格，适当的促销方式，通过适当的路径和网点，适时地把适当的产品和服务提供给适当的客户，并在适度地满足顾客需要的同时，使企业自身获得赢利和发展。

在市场经济条件下，金融企业必须充分运用市场营销原理和方法，积极开展金融产品营销活动，其经营理念和营销手段应该与一般工商企业营销相同。据此，我们认为，金融产品营销是指金融企业以市场需求为核心，通过采取整体营销行为，以金融产品和服务来满足客户的消费需要和欲望，从而为实现金融企业利益目标所进行的经营管理活动。

二、金融产品营销的主要特征

金融企业是一组独特的服务性组织，通过提供金融产品作为基本交换手段，以满足各类客户对金融服务的需求，并在这一服务过程中，谋求合理的利润和长远的发展。

广义的金融企业是指提供金融产品（服务）的一切企业，是金融业中以经营为手段、以赢利为目的的所有组织和机构，主要包括商业银行、保险公司、证券公司、投资银行、信托投资公司、企业财务公司、基金组织、金融期货公司、融资租赁公司、外汇经营企业以及与之相关的各种金融中介机构等。

从提供产品、通过交换而谋求企业的生存与发展这一过程来看，金融企业与其他工商企业一样，需要面对市场、参与竞争，确定明确的经营目标，寻求营销机会，通过提供适销对路的产品和服务以满足金融客户的不同需求，并获得良好的经济和社会效益。与其他商品生产企业不同，金融企业具有自身独特的产品和服务提供方式。由于金融业属于服务性行业，是专门为满足人们的各种金融服务需求而设立的，因而金融企业所经营的产品，既不同于一般的消费品和工业品，也不同于其他服务行业所提供的服务，它既可以通过某种金融工具提供相应的服务，诸如存单、债券等，也可以仅提供无形的金融服务，例如证券经纪、金融咨询等。因此，金融产品营销具有以下基本特征。

1. 无形性

由于金融服务多是无形的，因而金融客户在获取金融企业所提供的服务之前，对其服务是难以用视觉、触觉、听觉、味觉和嗅觉进行感知的。例如，金融企业经常向客户提供某种投资建议、某种财务安排方案或灌输某种理财观念，这些服务一般难以通过形象、直观、逼真的方式向客户展示，而只能运用抽象的数字、计算、分析和推测以表明其益处和功能，从而招徕客户。由于金融产品营销的无形性，金融企业的营销方式和渠道安排一般与消费品和工业品有着很大的不同，因而尽量多设营销网点或者上门推销便成为金融企业主要的营销方式。尽管如此，金融客户仍然可以从地点、人员、设备、标识、符号、宣传材料等要素来了解和判别一个金融企业的营销质量。所以，金融企业要想将营销的无形性转变为有形性，就应当不断提供各种有说服力的证据，以使金融产品营销有形化。

2. 非歧视性

除金融需求差异外，金融客户的其他各种判别对于金融产品营销并没有特殊的要求。所以，金融产品营销可以一视同仁地提供给各类金融客户，而不会因客户的种族、肤色、性别、长幼或宗教信仰等而有所不同，这使得金融企业可以面向社会大众，提供广泛的无差异性服务。

3. 不可分性

金融产品与服务的供应和消费是同时进行而难以截然分开。由于金融产品与服务不能储存而必须在一定时间场合下进行消费，并且会随着需求和供给状况的不同而发生变化，例如对于需求者，错过一定的时间就可能不再需要，而对于供给者，错过一定的时间和场合就可能无法提供，因此，金融产品与服务提供的时间和场所为金融产品营销人员以及金融客户所共同关心。当然，近年来获得广泛应用的信用卡则突破了这一约束，由于信用卡的提供与服务的分配出现了分离，因而使得金融客户也有了更多的消费选择。

4. 易模仿性

经营相同业务的不同金融企业，尽管可以有不同的金融服务方式和程序，但由于内容大同小异，因而很难形成自身的特色。更由于金融业务无专利可言，新业务以及金融工具的开发，极易为其他金融企业所模仿，这就使得金融企业在广大客户心目中往往仅有规模和信用之别，而无业务实质之分。以前，我国四大国有商业银行的主营业务有一定的专业分工，例如工商银行主要为工商企业以及城镇居民提供金融服务、中国银行主要经营国际金融业务、农业银行的业务范围主要集中于广大农村、建设银行则主要负责国家基建项目的投融资。然而改革开放后，金融业出现了“工行下乡、农行进城、中行上岸”的变化，20 世纪 90 年代更是提出了专业银行商业化的改革思路，打破了银行之间业务范围的界限，各银行都可经营不同的金融业务。这对于客户而言就有了较大的选择余地，对于银行而言，则对营销管理提出了更高的要求。因为较之其他企业，金融业务的易模仿性导致产品的功能和特点不突出，所以就更需要通过营销管理树立金融企业的整体形象。可见，易模仿性的存在使得金融业的竞争也更趋激烈，并在一定程度上决定了金融产品的趋同性。因而更要求金融企业在向顾客推销金融产品过程中具有自身鲜明的特色，以差异营销来吸引顾客，开拓市场；以优质服务来维系顾客，占领市场。也就是说金融企业必须注重提高从业人员素质，不断改进服务质量，并配以必要的形象宣传，以赢得更多客户的信赖。

5. 专业性

金融客户的需求往往在具有多样性的同时，更强调专业性。即要求金融产品营销人员具有广泛的专业知识，在营销服务过程中能够熟练处理各种问题，使客户满意，诸如解答客户的各种疑问，消除客户的种种顾虑，甚至充当客户的投资顾问，帮助客户分析、计算和谋划理财方案等。为了提高服务质量，增强竞争能力，金融企业需要大量雇用各种专家型人才。从一定意义上说，金融企业的竞争就是金融人才的竞争。

6. 风险性

金融市场的风险无时不在，不论是对金融企业，还是对金融客户而言，防范和化解金融市场风险，保持收益与风险的均衡是金融企业独具特色的重要任务之一。对于主要由金融企业承担风险的业务，金融企业应加强风险控制，以确保自身经营的安全性；对于主要由金融客户承担风险的业务，金融企业也应加强营销服务，以使客户所承担的风险与其所获得的收益相对称。正由于金融产品营销具有上述基本特征，使得它比一般工商企业营销更显复杂。金融产品营销人员既要以市场营销理论为指导，又要根据金融业自身的特点，积极开展营销管理活动。

任务三　金融产品营销的研究对象

一、金融产品的含义与特征

1. 金融产品的含义

金融产品营销的对象是金融产品。金融产品是指金融机构为市场提供的有形产品和无形服务的综合体。狭义上的金融产品是指由金融机构创造的、可供客户选择的在金融市场进行交易的金融工具。广义的金融产品则是指金融机构向市场提供的、可由客户取得、利用或消费的一切产品和服务。

2. 金融产品的三个层次

金融产品不同于一般工商企业的产品。金融产品由核心产品、形式产品与扩展产品

（附加产品）三个基本层次组成。

（1）金融核心产品，也称利益产品，是客户买到的基本服务或利益，是金融产品满足客户需求的属性。如存款能够满足客户增值的需求，股票能够满足客户投资的需求等。核心产品在金融产品的三个层次中处于中心地位，如果其不能符合客户的口味，则形式产品与扩展产品再丰富，也不能够吸引客户。

（2）形式产品，也称特征产品，是金融产品的具体形式，用以展现金融产品的外部特征。金融产品的形式主要通过质量和方式来表现。如银行存款分为定期、活期、定活两便等。

（3）扩展产品，也称附加产品，是指在满足客户的基本需求之外，金融产品还可以为客户提供的额外服务，使客户得到更多的利益。金融产品具有较大的相似性，不同金融机构为客户提供的服务基本上是相同的，为了使本企业的金融产品有别于其他金融企业的同类产品，吸引更多的客户，金融机构则必须充分认识到扩展产品在金融产品中的重要性。

3. 金融产品的特征

（1）无形性。客户在购买金融产品时只能通过文字叙述、数据描述等方式进行交易。金融产品不具备实物形态，使得其在扩展方面有较为广泛的发展空间。

（2）不可分割性。金融产品的提供与服务的分配是同时进行的，不能拆分。比如保险产品，其销售过程与服务过程是相联系的，营销过程中的各个环节相互关联。

（3）累加性。一般的产品具有其使用价值，如食品可以充饥，衣服可以御寒等，它们的使用价值比较单一，但金融产品可以给客户带来多种多样的金融服务。

（4）差异性。不同的金融企业所提供的金融产品或服务不尽相同，甚至同一金融企业的不同分支机构所提供的金融产品或服务也是不同的。如招商银行的“一卡通”具有消费、储蓄、异地汇兑、划转股票交易保证金等多种服务。

（5）易仿性。金融产品易于模仿，金融产品没有专利可言，相继模仿的速度很快。

（6）增值性。一般性的产品在使用过程中，会逐渐消耗或使用至报废，但金融产品却会给客户带来比购买金融产品本身更大的价值。

二、金融产品的分类

根据金融产品的形态不同，可以分为有形金融产品和无形金融产品；按其信用关系存续的时间，可以分为短期金融产品和长期金融产品；根据金融产品提供者的不同，可以分为银行类金融产品和非银行类金融产品；根据金融产品的发行者的性质的不同，可以分为直接金融产品和间接金融产品。

1. 银行产品

目前在市场交易的银行金融产品已超过250种。

（1）储蓄存款产品

吸收存款是银行最重要的资金来源，也是银行发挥信用中介作用、支付中介作用、信用创造与资金转换职能的基础，存款按不同的期限分为：

1）活期存款。活期存款是指不约定期限，存款人可以利用各种方式（如汇票、支票、活期存单、自动柜员机等）随时提取的存款。活期存款十分方便，具有支付与流通的职能。

2）定期存款。这种存款是客户与银行事先约定存款的期限，到期支取的存款。（定期存款满足条件则可以提前支取，但利率按活期存款计算。）定期存款对银行来说稳定性较强，便于银行对资金进行合理配置，其营运成本低于活期存款。

3）定活两便存款。这是一种介于活期存款与定期存款之间的存款，期限不确定，利息随着期限的长短而变化。

4）通知存款。是存款人提前一定时间通知银行即可的存款。

（2）贷款业务产品

贷款是银行主要的资金运用业务，贷款利息是银行收入的主要来源之一。按贷款期限可以分为短期贷款产品和中长期贷款产品；按贷款的保障程度可以分为信用贷款产品、保证贷款产品、抵押贷款产品和质押贷款产品；按贷款的风险等级分为正常贷款产品、关注贷款产品、次级贷款产品、可疑贷款产品和损失贷款产品；按贷款的偿还方式可以分为一次性偿还贷款产品、分期偿还贷款产品。

（3）中间业务产品

银行的中间业务产品有结算产品、信用卡产品、银行信托产品、银行租赁产品、咨询服务产品及代收代付业务产品等。

2. 保险产品

保险是一种分散风险的手段，保险公司的产品以保单的形式表现出来。保险产品是一种承诺，是无形的保障服务。保险产品按照保险实施的方式分为自愿保险和强制保险；按照保险的标的分为财产损失保险、人身保险、责任保险、信用保险、农业保险；按照承保形式分为原保险、再保险、重复保险和共同保险。

3. 证券产品

证券产品主要包括股票产品、债券产品、基金产品和金融衍生产品。

（1）股票。股票是股份有限公司发给投资者用以证明股东权利的所有权凭证，它确定了股东与股份有限公司之间风险共担、收益共享的关系，股东凭股票可以定期从股份有限公司取得股利收入。

按股东享有的权利不同，股票可分为普通股票和优先股票。按股东是否记名，股东可公为记名股票和不记名股票。按股票有无面额，分为有面额股票和无面额股票。按股票是否上市，分为上市交易股票和非上市交易股票。按股票是否流通，分为流通股票与非流通股票。在我国，目前还按照交易币种的不同划分为A股和B股；按发行地不同，分为N股（纽约）、S股（新加坡）和H股（中国香港）。

（2）债券。债券是发行人依照法定程序发行，并约定在一定期限内还本付息的有价证券。

按照发行主体不同，分为政府债券、金融债券与企业债券。按照计息方式不同，分为附息债券、到期一次还本付息债券、贴现债券和零息债券。按债券形态可分为实物债券、记账式债券和凭证式债券。按发行地不同，分为国内债券和国际债券。按债券是否可转换，分为不可转换债券和可转换公司债券。

(3) 基金产品。从广义上说，基金是指为了某种目的而设立的具有一定数量的资金。例如，信托投资基金、单位信托基金、公积金、保险基金、退休基金，各种基金会的基金。在现有的证券市场上的基金，包括封闭式基金和开放式基金，具有收益性功能和增值潜能的特点。

根据基金单位是否可增加或赎回，可分为开放式基金和封闭式基金。根据组织形态的不同，可分为公司型基金和契约型基金。根据投资风险与收益的不同，可分为成长型、收入型和平衡型基金。根据投资对象的不同，可分为股票基金、债券基金、货币市场基金、期货基金等。

(4) 金融衍生产品。又称金融衍生工具，是指建立在基础金融工具或基础金融变量之上，其价格取决于后者价格或数值变动的派生金融产品。

1) 金融远期是指交易双方达成的、在将来某一特定日期按照事先商定的价格（如汇率、利率、股票价格等)，以预先确定的方式买卖约定数量的某种标的的合同。在合同中规定在将来买入标的的一方称为多方，而在未来卖出标的的一方称为空方。

2) 金融期货是指交易双方在有组织的市场中以公开竞价的方式达成的、在将来某一特定日期以预先约定的价格交割标准数量特定标的的标准化协议。

3) 金融期权又称选择权合同，是合同双方按约定价格在约定日期内，就是否买卖某种金融资产所达成的协议。

金融互换是指两个或两个以上的当事人按照商定的条件，在金融市场上进行不同金融工具的交换，从而在一定时期交换一系列现金流的协议。金融互换主要包括利率互换和货币互换等。

任务四　我国实施金融产品营销的必要性

一、我国金融产品营销的发展历史

新中国成立以后相当长的一段时间里，我国实行的是高度集中的计划经济，这从根本上是排斥金融产品营销的。在20世纪70年代末之前的岁月里，计划体制下的银行等金融机构金融结构单一，推行的是大一统的金融体制，由中国人民银行统揽一切金融业务，各级银行对资金无自主权，所吸收的存款逐级上交，资金的运用要遵循国家计划。

自十一届三中全会后，中国的金融体制不断改革，金融市场发生了巨大的变化，随着经济的发展，金融市场的发展，金融机构逐步认识到金融产品营销的必要性。

小贴士

计划经济

计划经济，或计划经济体制，又称指令性经济，是一种经济体制，这种体系下，国家在生产、资源分配以及产品消费各方面，都是由政府或财团事先进行计划。由于几乎所有计划经济体制都依赖政府的指令性计划，因此计划经济也被称为“指令性经济”。其他的三种经济体系是市场经济体系、传统经济体系和混合经济体系。

1. 引入阶段

自 1979 年开始，中国打破了高度集中的金融组织机构，中国银行、中国农业银行、中国建设银行分别从中国人民银行分离出来；1979 年 10 月，国务院组建了综合经营金融贸易技术服务的中国国际信托投资公司；1980 年，保险业务开始恢复；1984 年，中国人民银行单独行使中央银行职能，其原有的普通金融业务由新成立的中国工商银行承接；1986 年，交通银行成立；1987 年，第一家证券公司深圳特区证券公司成立；1990 年 11 月，上海证券交易所成立；1991 年 7 月，深圳证券交易所正式开业；中国在金融体系上的变革揭开了金融业竞争的序幕。

在资金管理体制上，中国也打破了原来严格的计划控制的做法。1985 年开始实行“统一计划，划分资金，实贷实存，相互融通”的信贷资金管理体制，银行可以在一定范围内进行资金的转让。1986—1988 年，各地相继成立同业拆借市场。1988 年 4 月，国家允许 1985 年、1986 年发行的国库券上市，从而改变了国债市场“有行无市”的局面。1988 年后，在各省市设立了外汇调剂中心，进一步扩大了外汇调剂范围。金融市场的发展扩大了金融机构的经营空间。

在经营过程中，各金融机构开始寻求业务拓展的渠道，中国的金融产品营销进入了早期的萌芽阶段。在这期间，金融机构开始向客户推销金融产品；一些金融机构也开始进行产品创新，1986 年，中国银行推出了信用卡。

2. 发展阶段

1992 年年初，邓小平发表南方讲话，10 月，党的十四大确定把建设社会主义市场经济作为我国经济体制的改革目标。1993 年 12 月，国务院发布了《关于金融体制改革的决定》，提出要建立与社会主义市场经济体制相适应的金融体系，金融领域发生了翻天覆地的变化。

1994 年，我国的四大专业银行开始向商业银行转化。营利性目标的追逐为金融产品营销机制的建立提供了内在动力，为实现更多的收益，各大银行对客户的争夺成为金融机构竞争的焦点。

这一时期，金融机构也出现了多样化格局。上海浦东发展银行、中国光大银行、中国民生银行等一批全国性或区域性的商业银行相继成立。1995 年 7 月，国务院颁布《关于组建城市合作银行的通知》，许多城市的信用社改组成城市合作银行，到 1998 年，城市合作银行更名为地方性的商业银行。这些银行的建立加剧了银行业的竞争，为银行的营销活动施加了压力。

证券业与保险业也有了较快的发展。1992 年 8 月 28 日中国证券业协会成立，1992 年 10 月，国务院证券委员会与中国证监会成立，1998 年 4 月，按《证券投资基金管理暂行办法》设立的新基金开始上市，一批新设立的基金管理公司开始运作。1999 年 12 月 28 日，苏州商品交易所改制成立恒远证券经纪公司，这是国内第一家由中国证监会批准成立的经纪类证券公司。这一时期的保险业也进入了一个新的发展时期。1991 年 4 月，我国第一家全国性、综合性的股份制保险公司——太平洋保险公司成立；1992 年 9 月深圳平安保险公司更名为中国平安保险公司，业务范围扩大到全国；1996 年 7 月，中国人民保险公司改制为中国人民保险集团公司；1996 年，中国第一家中外合资寿险公司——中宏人寿保险公司成立。到 2000 年年底，我国已有保险公司 27 家，其中国有独资 4 家，国内股份制保险公司 9 家，中外合资保险公司 7 家，外商独资公司 7 家①，保险市场主体出现了多元化格局，经营观念发生转变，强化了保险市场的服务意识与竞争意识。

3. 深化阶段

在 2001 年 12 月 11 日，中国正式加入世界贸易组织，金融市场的对外开放也进入新的阶段。在“入世”过程中，我国的金融业做出了宽领域、分阶段的开放承诺。随着金融改革的深入与金融管制的逐步放开，我国的金融市场发生了巨大的变化。

利率市场化改革不断推进。2002—2004 年，中国人民银行不断扩大金融机构贷款利率浮动区间，提高贷款利率的市场化程度。2004 年 10 月 29 日，金融机构（不含城乡信用社）的贷款利率原则上不再设定上限，贷款利率下浮幅度不变。2005 年 9 月 21 日，央行部分下放了除活期存款、定期整存整取存款这两类存款以外的“利息定价权”。国内银行的定活两便、通知存款、零存整取等存款种类，只要不超过央行同期限档次存款利率上限，计息、结息规则由各银行自己把握。2003 年 11 月，小额外币存款利率下限放开，2004 年 11 月 18 日，1 年期以上小额外币存款利率放开。

人民币汇率机制改革取得重要进展。2005 年 7 月 21 日，中国人民银行宣布人民币汇率制度进行重要改革，实行在一篮子货币基础上的管理浮动汇率制度。

金融市场的日益完善为金融机构开展营销活动提供了更大的灵活性，同时也加大了金融机构的经营风险，有助于金融产品营销活动的推进。

随着金融改革的深入，农村商业银行、农村合作银行、民营银行、外资银行不断涌现，外国保险公司在我国设立营业机构的越来越多，中外合资证券公司、基金管理公司也不断出现，激烈的竞争使国内的金融机构面临前所未有的压力。国内的金融机构积极借鉴

①金德环 . 2001 年中国金融发展报告［M］. 上海：上海财经大学出版社，2001.

工商企业、外国金融业的营销经验，探索适合中国国情的金融产品营销方式，使金融产品营销机制得到长足发展，新的营销理念不断引进、营销方式不断创新。2000年，上海出现了以杨韶敏等6位中国工商银行上海市分行优秀理财员姓名命名的理财工作室，开创了银行理财工作室这一营销模式的先河。在这之后，中国银行"中银理财"、中国农业银行"金钥匙理财中心"、招商银行"金葵花理财"及中国民生银行的"非凡理财工作室"等都成为响亮的银行理财产品品牌。保险业、证券业出现了大量的理财工作室。这种创新更新了金融机构的营销理念，推出了一种更贴近市场需求的产品营销模式，推动了金融理财向大众化方向发展，成为一种有效的民间财富管理方式。

二、当前我国金融产品营销中存在的主要问题

近年来，在我国金融体制改革的过程中，面对日趋激烈的市场竞争态势，我国金融企业开始意识到金融产品营销的重要性。为此，金融企业开始运用广告和促销，各种形式的广告随处可见，银行员工服务态度的改善和服务措施的推出也表明金融企业经营观念和业务发展策略的转变。但是与国外金融机构相比，我国金融企业局限于以广告与促销观念的形式，而不是以科学的市场营销完整体系介入市场竞争，广告的表现不够创新，促销手法也显得单一。具体表现在以下几个方面。

1. 市场营销意识淡薄，认识不到位

市场营销并不是产品之争，而是观念之争。营销观念是一种贯穿于金融业经营管理活动始终的经营哲学，是一种时时处处都要体现以市场为导向、以客户为中心、以效益为目的的经营理念，而不是一时的权宜之计。目前，在一些金融企业中还存在着一些陈旧的甚至错误的观念，如把营销简单看做推销，把营销看做仅仅是营销部门的事，内部各部门之间缺乏营销配合，影响整体合力的发挥；把市场营销片面地理解为广告与促销，其实广告与促销仅是营销的一种方式，而不是金融产品营销的全部内容。

2. 金融产品创新的品种虽多，但技术主创的品牌较少

近年来，我国商业银行在市场经济的推动下，对营销业务进行了创新，推出了不少金融产品。但是金融产品中模仿创新的多，自主创新的少，独具风格的品牌更是缺乏。这些现象反映了目前对金融产品营销的市场研究与开发尚未成为商业银行的自觉营销行为。一些金融企业不大注重发挥自身的优势，只是盲目地跟随，模仿竞争者，使营销行为趋于同化，创新速度也滞后于公众对银行服务的实际需要。

3. 价格作为提高金融业竞争力的主要营销手段并没有真正发挥作用

价格是营销组合中的重要因素，在当前并没有发挥其应有的作用。由于我国存、贷款利率的非市场化，再加上大量免费服务项目的存在，使得商业银行只能针对属于中间业务和表外业务的服务项目考虑收费标准和价格组合，价格营销的空间较小。

4. 促销方式较多，但营销组合决策不足

从产品的促销活动方式来看，其基本方式主要有四种：广告、人员推销、营业推广、公共关系。目前，商业银行的金融产品促销方法从广告方式来看，有印刷广告、视听广

告、户外广告以及橱窗陈列、招贴等营业现场广告。广告形式虽然日趋多样化，但是目标都仅是广而告之，以强调说服为目标和强化提醒为目标的广告甚少。在人员推销方面，内容显得单调，出售的多为存款商品，且客户面较小，相对成本较高。在营业推广方面，目前商业银行的员工进行的多为无差异营销，难以使客户对金融产品形成长期的品牌偏好。在公共关系方面，虽然公关手段得到了一定的重视，但银行与企业、团体以及个人的信息沟通、联系力度仍有待加强。

三、我国发展金融产品营销的意义及对策

随着金融服务模式的发展，金融业的营销也在不断发展，各个金融企业每天都在创造新的营销策略和竞争方法。

1. 金融企业将走向全面营销的时代，营销将渗透到金融企业活动的方方面面，尤其是“内部营销”

现代企业市场营销的实质就是了解消费者需求，设计出适合这种需要的产品并以符合消费者心理的方式传递给消费者。满足客户需要的问题，在西方营销学界有人称为“外部营销”，而金融业营销还必须解决“内部营销”问题。“内部营销”就是企业的决策层和领导层必须善于与下属沟通，通过引导来帮助下属做好工作，这对金融企业来说尤为重要。因为金融企业从事第一线工作的广大员工与客户有着最直接和最广泛的交道，他们的言行举止直接会影响客户对银行的“第一印象”，所以必须重视和抓好对内部雇员的培养和训练工作。同时通过制定内部工作准则、服务标准甚至是构建评分体系等一系列对内营销宣传教育，使广大雇员树立营销服务观念，认识工作人员与客户交流过程对本企业经营业务成败的重要作用，从而出色地完成“一线营销”的任务。

2. 金融企业将创新一套适应其企业特色的别具一格的行业实务营销

金融业独特的服务方式决定了其营销不能死搬硬套工商企业那一套，而应根据行业特点，创新出适合自己特色的营销活动，例如：①服务营销。根据行业特点，利用超水平的服务使本企业在行业中出类拔萃。作为第三产业的金融服务业，其营销特点就是服务加服务。金融企业只有建立“大服务”观念，强化“大服务”意识，积极改进和创新服务品种、服务手段和服务设施，才能向社会提供高质量、高效率、高层次的金融服务，赢得竞争优势，树立良好形象。②超值营销。就是在产品质量、特征、价格等方面增加产品的额外价值。

3. 为实现差异化服务，未来的金融业将更注重特色营销

金融企业将通过市场调研活动，在把握金融需求趋势的基础上，认清企业的经营环境和营销重点，适时适地确立企业经营发展的目标，设计特色产品，推进金融产品和服务的创新。如为离退休人员设计“夕阳红”储蓄，为企盼购房的人设计“积小成家”储蓄；为年轻富裕的客户开设专有账户，为成熟富裕的客户提供专业理财咨询服务。以不同的金融产品满足不同层次的消费需求，强调特色、发挥优势、扬长避短是开展金融产品营销的内在要求。

4. 为适应金融市场的变化和节奏，金融业将会实施善变营销和快速营销

如今的时代是一个飞速发展、加速变型的时代，没有一成不变的所谓“金科玉律”。因此，未来的金融业必须训练员工的客户导向意识，充分挖掘客户的新想法，新需求，甚至创新出新的需求来捕捉市场机会。除此以外，还要在产品和服务市场上行动迅速，不仅要做别人没做的，还要做别人没来得及做的，永远比竞争对手先行一步。等到其他企业纷纷效仿时，行动迅捷者又会制造新的热点。市场经济好比竞技比赛，胜利往往就在于领先的半步。

5. 为了在吸引新客户的同时稳定老客户，未来金融业必须走持续营销的道路

持续营销是指产品或服务提供者采取有效的推销策略与现有顾客和潜在顾客维持密切的关系，在掌握顾客各种有关信息和对这些信息不断更新的前提下，对顾客现时的偏好和未来的需要进行深入了解和分析，在成本可行的条件下尽可能满足顾客的要求，并在产品的选样、发送等方面提出合适的参考建议。这种方法实质上是要充分挖掘顾客对产品生产者或服务提供者的各种产品和服务的消费潜力。为了实现这种销售方式，必须能收集到有关顾客的各种新信息，然后利用先进的信息技术和分析技能对所有的信息进行分析，这样，可以确保推销产品或服务时能投顾客所好，有针对性地向顾客进行推介。

6. 未来的金融业更加注重市场定位、客户选择等一些技术性营销操作

随着全球金融领域混业经营的风潮不断升温，越来越多的金融机构都呈现出进一步拓展银行业务范围，甚至打破银行与其他金融机构之间的法律界限的趋势，纷纷向欧洲“全能银行”看齐，银行、证券、保险和房地产企业之间，允许业务交叉，互相兼并。但这并不意味着在实际操作中，每个企业都是“全能”的，而必须突出本企业的定位。以某一特色业务为基点，横向构建一个“全能”的业务体系。目前，世界各国的金融改革正在进行中，其目的就是为了加强国际竞争力，而营销作为其中的一个重要支点也会产生更多的创新形式。

7. 随着当今高科技日新月异的发展，金融产品营销将更注重高科技的运用

如网上交易、全球电子交易系统、全球 24 小时不间断交易等形式的出现，都说明新兴技术将不断被用于金融交易活动中，促使金融企业的经营方式、金融产品的形式发生重大变化，也使金融产品营销活动在更广阔的空间开展成为可能。电子技术和远程通信系统在金融业的运作，不仅会提高金融企业的经营效率，极大地降低企业运营成本和交易成本，也可给消费者带来更多的实惠。在金融竞争模仿日益增强的今天，高科技营销也是一项最为有效的竞争手段。可以说，谁拥有高科技，谁就拥有强大的竞争优势，也就可能更多地拥有顾客和市场。

项目小结

金融产品营销概述这一项目内容，介绍了金融营销的发展、类别、特征及作用；金融产品的类别、特征；金融产品营销的必要性等内容。

金融营销出现在工商企业市场营销之后，是市场营销在金融领域的发展。基本的市场营销活动通常由市场调查、产品开发、信息沟通、定价分销和售后服务等组成。

金融企业是一个独特的服务性组织，通过提供金融产品作为基本交换手段，以满足各类客户对金融服务的需求，并在这一服务过程中，谋求合理的利润和长远的发展。

金融产品营销的对象是金融产品。金融产品是指金融机构为市场提供的有形产品和无形服务的综合体。狭义上的金融产品是指由金融机构创造的、可供客户选择的在金融市场进行交易的金融工具。广义的金融产品则是指金融机构向市场提供的、可由客户取得、利用或消费的一切产品和服务。

金融营销的主要特征：无形性、非歧视性、不可分性、易模仿性、专业性、风险性。

金融市场的日益完善为金融机构开展营销活动提供了更大的灵活性，同时也加大了金融机构的经营风险，有助于金融营销活动的推进。

任务检测

一、单项选择题

1. 金融产品居于中心地位的是（　　）。

A. 扩展产品　　B. 重点产品
C. 核心产品　　D. 形式产品

2. 金融产品营销管理的实质是（　　）。

A. 需求管理　　B. 生产管理
C. 刺激管理　　D. 销售管理

二、多项选择题

1. 金融产品的特征有（　　）。

A. 有形性　　B. 不可分割性　　C. 增值性　　D. 差异性

2. 下列各项中，属于银行产品中间产品的是（　　）。

A. 结算产品　　B. 代收代付业务产品
C. 咨询服务产品　　D. 信用卡产品

3. 下列各项中，属于证券产品有（　　）。

A. 股票产品　　B. 债券产品　　C. 基金产品　　D. 银行产品

三、简答题

1. 开展金融产品营销的机构有哪些类别？请举例说明。

2. 金融产品营销与工商企业的产品营销相比，具有什么特点？

3. 作为金融产品，股票与债券有何异同？

4. 联系实际谈谈中国金融产品营销中存在的问题，中国的金融产品营销应当如何发展？

实训项目

训练一

【目的】认知银行金融产品并分析比较。

【资料】提供同一银行的不同金融产品和不同银行的相同或类似金融产品，让学生进行比较分析。(该实训材料也可由学生自行收集、整理)

【要求】1. 学生分组，以小组为单位对所提供的银行产品进行产品及营销认知。

2. 按小组撰写银行金融产品认知、对比分析报告。

训练二

【目的】认知保险金融产品并分析比较。

【资料】学生收集同一保险公司的不同金融产品和不同保险公司的相同或类似金融产品，进行比较分析。

【要求】1. 学生分组，以小组为单位进行资料的收集与分析。

2. 按小组撰写保险金融产品认知、对比分析报告。

项目二　金融产品营销调研

学习目标

〔知识目标〕

1. 了解金融市场调研的概念和功能；
2. 掌握金融产品市场调研的程序；
3. 掌握目标市场选择的策略；
4. 掌握金融市场调研的几种方法；
5. 理解金融市场细分的含义和分类标准；
6. 掌握调查问卷设计的方法和技巧；
7. 掌握调查报告撰写的方法。

〔技能目标〕

1. 能熟练地利用网络收集各种信息并对信息进行筛选；
2. 能设计金融产品调查问卷，并能进行实地调查；
3. 能较好地运用调查问卷、实地访谈、电话访问等方法进行金融产品营销的调研；
4. 能根据调查问卷撰写金融市场调研报告。

随着市场竞争的日益激烈，金融企业及时了解和掌握金融市场的情况及其动态，我们必须对目标市场进行系统而周密的调查研究，获取丰富真实的数据资料，运用科学方法对其进行分析预测，将研究结果作为制定金融产品营销策略的依据，从而在竞争中立于不败之地。

任务一　金融市场调研概述

一、金融市场调研的基本含义

1. 金融市场调研的概念

金融市场调研是指金融企业有目的、系统地收集与金融企业经营活动相关的信息资料，并运用科学方法对其进行分析研究以及做出有效结论的一种营销活动。即金融市场调查是运用科学方法，对于金融产品和服务由金融企业转移到客户过程的全部经营活动的相关资料，进行系统的收集、整理、分析、评估，为企业决策提供客观依据的一种活动。调研的目的是为了满足金融市场和客户的需要。

2. 金融市场调研的历史沿革

金融市场调查作为一项相对独立的企业经营活动，是近几十年发展起来的。20 世纪以前，西方金融企业的业务功能较少，其技术程度还不很复杂，金融企业通过业务活动来了解市场状况，即可基本满足其经营决策的需要，因而对于金融市场调整，并未予以重视，这一状况一直持续至 20 世纪 40 年代初，才有少数金融企业认识到市场调查对金融业务活动的重要作用。此后，英国所有的大清算银行都成立了市场营销部，并且有目的地开展金融市场调查，此外随着金融业发展竞争的加剧以及外部环境的变化，使得金融企业日益清楚地认识到开展市场调查的必要性，并着手对诸如客户的数量和构成、开立活期账户和定期账户的种类、影响客户选择银行的因素、企业形象的比较、金融产品和服务如何更好地吸引客户、申请贷款者的情况及其贷款用途等进行认真的调查分析。而其他的金融企业如保险公司、财务公司、证券公司、养老基金、信托公司、投资公司等各种非银行金融机构，也认识到开展市场调查研究的重要性。

3. 金融市场调查在我国的发展状况

在计划经济体制下，我国金融企业尤其是银行由国家集中统一管理控制，其业务范围界限分明，经营活动按照政府指令性计划进行，而客户的需求只能服从行政计划安排，因而忽视了金融市场调查。近年来，随着改革开放的不断深入、社会主义市场经济体制日益形成，以及金融企业的职能逐步转型，金融市场调查的作用迅速凸显。具体表现为：多种性质的商业银行已经建立，其分支机构也急速增加，同时，各种非银行金融机构也纷纷成立并开展业务，此外，外资金融机构也开始参与竞争。在这种情况下，我国金融企业为了在市场竞争中求得生存和发展，就必须更加重视金融市场调查。

二、金融市场调查的主要任务

1. 了解目标市场

金融企业为在激烈竞争的市场环境中能够有效地拓展营销业务，可以把构成金融市场的不同客户按照地区、人口、心理、习惯等因素，划分为若干个不同的客户群体，并从中选择为之服务的目标市场。通过调查了解目标客户的需求状况、本企业的市场占有率以及该目标市场中其他金融机构的数量、产品、服务和营销方略，从而取得充分的信息资料，这将有助于本企业为目标市场提供更优的金融产品和服务，以满足目标客户群体的需要。

2. 评估营销方案

为了明确金融产品营销部门所制订的营销方案是否符合市场实际，在方案实施之前，需对金融产品和服务以及营销方略等进行充分评估，并根据金融市场和企业自身的具体情况来判定营销方案的正误，以便加以调整或修改，从而最终确定金融产品营销方案。这样既可以使企业及早发现问题，采取有效措施，减少或避免风险，更好地满足客户的需求，又有利于改善企业自身的形象，提高其社会影响力。

3. 权衡营销结果

金融企业应根据市场调查所收集的数据资料以及售后反馈的信息，来分析客户需求的满足程度、偏好变化的趋势以及企业经营的优劣等，从而对营销方案的效果进行权衡，以便认定现行营销方案是否可以继续实施或者加以修正。具体可从以下三个方面着手：首先，调查内部个例账户，如新开账户、结清账户以及余额等的数量变化，以确定某项金融产品和服务的经营状况。其次，调查外部因素对金融产品营销的影响，外部因素主要包括：储蓄存款意识、广告渗透力、账户转移、金融机构选择、国家经济政策、金融法律法规等。最后，定期调查企业的市场形象，开展市场细分研究，这有利于准确把握市场动态，寻求市场机会，以便保持和扩大市场份额，实现企业的营销目标。

三、金融市场调查的重要意义

在现代市场经济条件下，市场状况复杂多变，营销竞争异常激烈，金融企业要适应这种环境，制订正确的经营计划和营销方略，以优质的金融产品和服务满足客户需要，从而赢得竞争，就必须通过金融市场调查，准确掌握大量的信息资料，及时了解市场行情及其变化趋势。金融市场调查对于企业营销管理的重要意义体现在以下五个方面。

1. 有利于掌握金融市场的动态

由于金融企业是在市场经济条件下从事经营活动，因而必须及时准确地了解市场状况及其变化趋势，例如金融企业应掌握金融产品和服务的供求、价格以及利率、汇率、股市行情的变动等。同时，金融企业的经营活动还要受到国内与国际市场的影响和制约，因此，国内与国际市场的动态，有关国家政策、法律法规的制定和执行情况，以及人口、心理、购买习惯等因素也会对金融市场和金融企业的经营活动产生直接或间接的影响。只有通过上述各种因素的市场调查和综合分析，才能准确掌握市场动态，从而为金融企业制定经营方略和营销计划提供科学依据。

2. 有利于改进金融产品和服务的品质

随着人们生活水平的提高，广大客户对金融产品和服务在质量和品种上提出了更高的要求，为此，金融企业必须使其产品和服务不断改善和创新，以满足客户的需求。这就要求其系统地开展市场调查，了解和掌握客户对金融产品和服务的需求变化及其发展趋势，制订和实施正确的营销计划，为市场提供丰富多彩的金融产品和服务，从而使得企业在竞争中不断发展壮大。

3. 有利于制定市场目标和营销方略

金融企业要制定正确的经营目标和营销方略，主要依靠市场调查所提供的信息资料。即只有通过市场调查获取必要的信息资料，才能使企业推出合适的金融产品和服务，并以合适的数量、品种和价格，在合适的时间和地点提供给合适的客户，以满足其需要，从而做出正确的营销决策。

4. 有利于促进金融产品和服务的销售

金融广告宣传是促进产品和服务销售的重要手段。广告宣传的作用在于引起广大客户对本企业产品和服务的注意和了解，诱发其购买欲望，提高其购买信心，促成其购买行为。达到上述目标的关键在于了解客户的需要、动机与态度，而只有通过市场调查，掌握上述情况，分析和预测其变化趋势，才能有针对性地开展广告宣传活动，达到促进销售的目的。

5. 有利于提高金融企业的经营绩效

金融企业经营管理的核心是以最小的耗费取得最大的绩效。金融企业应及时向市场提供适销对路的产品和服务以满足客户的需要，不断扩大销售，从而使企业经济效益不断提高。而只有通过市场调查，了解市场需求及其变化趋势，才能有针对性地制订或修正本企业的营销决策，改善经营管理，向市场提供客户所需要的金融产品和服务，从而取得良好的经营绩效。

任务二　金融市场调查内容

一、金融市场调查的对象

金融市场调查对于改善金融企业的营销管理十分重要。市场调查的对象十分广泛，对于直接或间接影响金融产品营销活动的各种信息均应列入调查范围，以便收集信息资料，开展全面分析。一般而言，金融市场的调查对象主要包括以下四个方面。

1. 营销环境

金融产品营销环境是客观存在的，为了使金融产品营销活动能够顺利开展，必须了解宏观环境中的各种相关因素，分析其对企业的影响，从而避免所制订的营销计划与实际环境发生偏离。营销环境具体是由以下三个部分组成。

（1）法律政策环境。法律政策环境在很大程度上决定了金融企业的客户范围和业务领域。不同的国家以及同一国家不同地区间的法律政策也会不尽相同，而企业只能在严格遵守法律政策的基础上开展营销活动，并根据法律政策的变化及时调整其营销计划。

（2）宏观经济环境。金融产品营销活动在很多方面受到宏观经济环境的制约。在萧条期，企业普遍不景气，对金融业务（如贷款）的需求量就会大大下降，而进入繁荣期，贷款需求又会急剧上升，因此，宏观经济环境直接影响着金融市场的需求变化，企业应根据经济发展水平与市场特点采取不同的营销方略，制订相应的营销计划。

（3）社会文化环境。人们的社会风尚、生活传统、消费习惯、消费模式以及消费结构的差异会对金融产品营销活动产生较大影响。例如，在一个具有节俭习惯的社会中，金融产品营销应着重于储蓄产品的开发，以吸引更多的存款，而在一个消费倾向较强的地区，金融企业则应积极开拓消费信贷业务，以引导客户的消费。此外，文化因素在金融产品营销活动中亦不容忽视，企业只有根据人们文化知识、思维方式的特点有针对性地开展营销活动，才能实现其经营目标。

2. 客户需求

金融产品营销的出发点是满足客户需求，因此，企业在制订营销计划时应充分考虑客户的基本状况，以便更好地适应客户的要求，从而吸引更多的客户，占领更大的市场份额。对客户需求的调查主要包括以下两个方面。

（1）人口数量与构成。一般而言，人口数量决定着市场需求量，人口数量越多，对金融业务的需求量也就越大。同时，确定人口数量也要充分考虑流动人口的影响。此外，企业还要对人口构成进行分析。人口构成主要包括年龄构成、职业构成、性别构成、民族构成、收入构成等，而不同的人口构成会形成不同的市场需求。

（2）金融客户行为。金融客户的消费行为多种多样，由于受到需求动机、文化程度、宗教信仰、经济状况与生活方式等因素的影响，因而金融企业对其消费动机、购买方式、购买习惯等要进行全面分析，通过了解各种因素变化对其消费行为的影响，从而制订适合的营销计划，以正确引导人们的购买活动。

3. 市场供求

市场供求是金融市场调查的一个重要内容，它主要包括以下七个方面：①金融产品的市场供求情况，即是供过于求还是供不应求或是供求平衡；②市场潜在需求量，即金融产品在市场上所能达到的最大需求量是多少；③不同的细分市场对于某种金融产品的需求状况，以及各个细分市场的需求状况与潜在需求量；④金融产品的市场占有率，哪些细分市场对于企业经营最有利；⑤金融产品如何进行优化组合以满足不同客户的需要；⑥其他金融企业的市场动态及其在竞争中的地位和作用，本企业如何扬长避短，从而在竞争中发挥自身优势；⑦金融新产品投放市场的最佳时机。金融企业通过对市场供求状况的分析研究，从而制订出更优的金融产品营销计划。

4. 金融产品

这一调查所涉及的内容主要包括以下八个方面：①金融产品的种类、数量及其覆盖范围和市场占有率；②金融产品生命周期，该分析有助于金融企业根据产品生命周期的不同阶段采取相应的营销方略；③如何提高现有产品质量，增强其对客户的吸引力，从而维系老客户、增加新客户；④如何通过产品创新，不断开发新产品，以使产品升级换代，增强产品的市场竞争能力；⑤如何改进金融产品营销过程中的服务质量，诸如咨询服务、信托服务等；⑥如何确定本企业的资产组合，使得营利性、安全性与流动性获得满足；⑦如何对金融产品进行比较分析，提出增强本企业金融产品竞争力的建议和措施；⑧如何树立优秀金融企业形象，增强本企业的知名度和影响力，从而不断提高客户对本企业金融产品的信任程度。总之，调查金融产品的目的就在于使本企业能够更好地提供适应市场需要、满足客户要求的金融产品和服务，以取得良好的经营绩效。

由于上述市场调查对象之间互有联系和影响，因而金融企业不仅要根据其所获取的信息资料制定营销方略，而且还应对各方面的信息资料进行综合分析，从而制订整个企业的营销计划，充分发挥金融市场调查的效用。

二、金融市场调查的程序

金融市场调查只有遵循一定的程序、采用科学的方法和手段，才能使得调查工作获得应有的成果，达到预期的要求。金融市场调查的具体程序如下。

1. 收集和评价现有资料

金融市场调查的任务是收集分析相关的信息资料，并据此作相应的营销决策建议。信息资料具体包括现有资料与实地调查资料。现有资料来源有两个，即企业内部资料和企业外部资料。前者指企业内部的市场调研部门所收集的资料和数据；后者指官方和非官方公共机构提供的已出版或未出版的资料和数据，包括国家统计机构公布的统计数据、金融行业组织发布的行业资料、专业组织（如消费者协会、质量监督机构、股票交易所等）提供的调查报告、统计资料以及研究机构提供的调查报告和研究论文等。现有资料收集后，需要加以评价和筛选。即衡量资料是否准确可靠，所涉及的时间是否适当，资料的取得是否便捷等，并要在已收集的资料中选取研究所需的内容。

2. 实地调查分析

通常依据现有资料开展调研有其局限性，因为所收集的现有资料不完整，难以满足研究要求，尤其是缺乏相关市场的最新资料，会影响调研成果的实用价值，所以有必要通过实地调研以收集和分析金融市场的第一手资料，即实地调查资料。实地调研的工作步骤为：明确调查任务；收集案头资料，诸如本企业的营销记录、公开发行的统计资料、竞争对手的产品资料、受访人员名单等；确定调查课题，即规定调查的目的、范围、对象等，以便高质高效地完成调研任务；制订调查计划，即具体确定调查地点、调查对象、调查方法、调查工具、抽样计划、时间安排、经费预算等；试探性调查，即先进行一次小规模的非正式调查，以检验调查计划是否正确完善，以便修改或调整，具体可以采取座谈、访问等方式，有针对性地收集资料进行统计；结论性调查，即按照计划进行金融市场调查活动，通过获取全面准确的数据资料，作出调查结论。

3. 撰写调查报告

运用科学方法对所获资料进行分析研究、得出结论，并在此基础上撰写调查报告。调查报告的具体内容包括：封面，写明调查标题、承办部门、人员、日期；摘要，简要说明调查过程、调查结论和建议事项；正文，阐明调查目的、方法、步骤、样本分布情况、统计数据、误差估计、调查结论和参考建议；附录，列入相关资料，以供对照参考。

4. 后续调查

由于金融市场复杂多变，因而完成调查报告并不意味着调查工作的结束，金融产品营销部门还需要继续进行后续调查，以了解调查结论与营销实践是否相符、参考建议的实际应用效果如何等情况。金融企业通过后续调查，可以从中发现新情况、新问题，及时总结经验，纠正决策偏差，加强对金融产品营销活动的监管和控制。

三、金融市场调查的方法与手段

金融企业开展市场调查应注意调查方法的选择。即针对不同的调查对象，根据不同的调查目的，应采用不同的调查方法。金融市场调查的主要方法有以下三种。

1. 访问法

即调查人员通过书面或口头询问的方式向调查对象提出问题，并以其答复作为调查结果。这种方法所采用的具体形式有：

（1）面谈访问。指与被调查者进行面对面地沟通，通过访谈，可以直接倾听被访者的回答，并从其言谈举止以及表情中获得某种有益的信息，有些问题可要求其作详细说明或与之进行探讨。面谈访问既可以采取个人访问，也可以采取小组访问，访问方式灵活自由，有利于双方相互沟通，信息真实全面，易于把握，还可以获得一些意外信息，但它对调查人员素质、谈话技巧的要求较高，费用也较高。

（2）电话访问。指通过电话询问被访者的意见。运用这种方式收集信息简便快捷，易被人接受，费用也较低，但是通话时间不能过长，内容单一、不易深入，获得的信息量也不大。

（3）问卷调查。指调查人员预先设计好调查问卷，面交或邮寄给调查对象，请他在一定时间期限内填好后交回或寄回。这种调查方式应用范围广，调查对象回答问题的时间充裕，结果客观，成本较低，但也易受调查对象个人态度的影响，并且回收周期长，回收率较低。

（4）上网访问。即在计算机网络的条件下，被访者坐在一个终端旁，阅读显示器上的问题，输入他的答案。随着科学技术的发展和普及，这种调查方式会越来越多地被采用。

2. 观察法

即调查人员在现场观察与记录人们的金融行为，以收集营销信息资料。

具体形式分为：

（1）现场观察法。即调查人员亲自到现场观察实际发生的情况以取得数据信息，例如到商业银行、证券交易所、期货交易所等金融现场进行实地观察等。

（2）仪器观察法。即运用先进的科学仪器针对选定目标进行摄影、录音、录像等，以收集所需要的资料。观察法可以消除对调查对象的干扰，使所收集到的资料更加客观可靠，并可减少调查人员的主观影响，保持信息的真实性，但它一般仅能看到事实的表象，并受时间与空间的限制，而且成本也较高。

3. 实验法

该方法是假定其他条件不变时，在小范围内观察调查对象对于新产品或新服务项目的反应，以取得这种影响的定性与定量数据，从而作出相应的分析判断。即设置供实验用的市场，通过控制自变量以研究因变量的反应。具体分为以下两种方式：

（1）正式市场实验。即选择某一特定市场，控制一个或几个营销自变量，研究其他营销因变量的因果关系。当金融产品改变设计、价格和促销策略时均可应用这种方法。

（2）模拟市场实验。即在模拟正式市场条件下进行实验，尽管稍欠精确，但所得数据亦可供参考，并且省时省钱。可见，实验法较科学准确，但调查时间长，调查成本相对较高。

近年来，科学技术的突飞猛进为市场调查提供了极大便利，市场调查的效率获得了迅速提高。现代金融企业在进行市场调查时，普遍采用了先进的技术设备或手段，如电子计算机、微缩胶片、闭路电视、复印机、录音机、摄像机、传真机以及其他先进技术设备，以收集、挑选、分析和处理信息资料，甚至还建立了市场营销信息系统，应用先进技术手段开展市场调查已成为金融市场调查活动的发展趋势。

四、金融产品营销调研的内容

1. 金融产品营销调研的概念

金融产品营销调研是指系统地设计、收集、分析和提供有关金融产品服务领域的相关信息，掌握金融企业所面临的特定营销状况，从而为金融产品的经营管理和市场营销决策提供依据的过程。

2. 金融产品营销调研的功能

(1) 了解金融产品营销环境。金融产品市场调研的主要目的是了解经济政策走向、国民生产总值、消费者情况、科技新动向及竞争环境等。了解金融产品营销环境的变化是企业营销决策的关键。

(2) 发现金融市场需求。市场需求调研包括现实需求和潜在需求调研，是金融市场调研的核心内容，主要包括市场需求容量调研、消费结构及发展趋势调研、消费者购买动机和购买行为调研等。通过调研金融企业正在服务的市场，对之进行细分，找出目标市场，并提出有关企业形象、区位选择等策略。

(3) 评估营销计划结果。追踪各种内部数据的账目；追踪外部表现因素；定期对市场结构和市场份额进行研究，了解企业的市场的市场环境。

(4) 供经营决策指导。分析市场结构、产品生命周期、消费者习惯及宏观经济环境，对市场未来发展趋势进行预测，为以后的经营决策提供指导。

3. 金融产品营销调研程序

(1) 确定营销目标

确定一项金融产品，这一金融产品的市场环境、消费群体要适度。

(2) 制订调研计划

1) 调研目的：确定进行该项目调研的原因，调研的内容。

2) 调研项目：资料、调查的项目以及内容。

3) 调研方法：根据调研目的和项目确定调查地点、调查对象和调查方式。

4) 经费预算。

5) 调研人员以及调研日程安排。

(3) 收集调研信息

收集一手资料以及二手资料都很重要。一手资料的获得方法通常有：观察法、访问法、调查法、实验法等。

（4）整理分析信息

从收集到的信息中提炼出合理的调查结果。金融产品营销调研资料的整理和分析是根据市场调研的目的和任务，对调查所获得的原始资料进行科学的审查、分类、汇总，并通过统计分析使之系统化，条理化的过程，这些经过处理的资料能够反映调查对象的基本情况、显示调查结果。

（5）写出调研报告

根据调查资料和整理结果，写出调研报告，提出问题的解决方案和建设性意见，为制订营销计划提供参考。

金融产品营销调研报告是对某一情况或某一金融产品调查研究后，将所得的材料和结论加以整理而写成的书面报告。

金融产品营销报告的结构一般是由题目、目录、摘要、正文、结论、建议和附录等几个部分组成。报告的结构不是固定不变的，不同的调查项目、不同的调研人或者单位、不同的用户不同的调研报告，都可能有不同的结构和风格。

任务三　影响金融产品营销调研方法选择的因素

一、调研对象

选择收集资料的方式首先受到调研对象的制约，主要表现在总体特征和抽样方式的影响。从总体特征上看，总体的文化水平，即读写能力，以及他们的一般合作和配合调研的态度，是选择调研方式时必须考虑的两个因素。留置问卷访问法显然要求调研对象具有较强的读写能力，而面谈访问法则对调研对象受教育水平要求较低；此外，面谈访问法比较容易在调研对象身体状况较差时获得必要的资料。而调研对象的合作倾向则是选择邮寄访问法必须认真考虑的问题。只有在调研对象具有较高的文化水平和较易合作的情况下，邮寄访问法才能发挥最大的效果。

在对总体的一般特征进行考察之后，具体的抽样方式也对选择调研方式有重要影响，不同的抽样方式可能会使调研过程比较容易或非常困难。当以一个缺乏地址或电话号码的总体清单为抽样框时，采用邮寄、留置问卷、电话访问等方式显然会遇到很多麻烦。此外，抽样单位与调研对象单位的一致性也是制约调研方式的一个因素。当调研对象是个人、抽样单位是群体（如住户或单位）时，采用邮寄、留置问卷的凋研方式就会失去对谁是最终回答者的控制。这时，配之以调研人员的走访显然是很关键的手段。

二、调研内容和提问形式

调研内容对选择调研方式的影响是客观存在的，但由于调研内容种类太多，因而要表达清楚这种影响并不是十分容易。国外很多市场调研实践和实验表明，电话访问对于敏感性问题调研的能力较之留置问卷访问方式或面谈访问方式要低得多，这与人们的常识不一致，需要特别注意。因而，当调研内容很敏感时，调研方式中至少应包括一次与调研对象的面对面接触。而对大量一般性问题的调研，采用收集资料的方式则没有十分明显的影响。

调研内容对调研方式制约的另一种表现是调研项目的多少及复杂程度的影响。一般来说，电话访问由于调研时间短，因而适应性最弱；面谈访问法以及观察法等其他调研方式的适应性则比较强一些。

与调研内容相比，提问方式或问卷的形式对选择调研方式有更明确的影响。追寻原因的开放式问题，不要采用留置问卷访问法；而选择项很多的问题以及需要对多项内容排列顺序的问题，则电话访问法不适用；当提供必要的背景材料很关键的时候，或提问方式为“投射式”，即补充完成某些提问时，留置问卷访问法是较合适的选择。

三、收集资料的要求

当把收集资料的过程作为一个整体对待时，怎样才能很好地将数种方法有机地结合起来呢？一般来说，要对以下几个方面给予综合考察，并根据实际情况作出正确选择。

从回答率的角度看，回答率是调研方式选择时首先应注意的问题，没有一定的回答率，任何收集资料的过程都不会成功。因此，收集资料的方式不应拘泥于某一种，而应采用数种方式，以保证必要的回答率。从具体的调研方式来分析，面对面的座谈会的回答率最高；而观察法则没有回答率问题的干扰（当然有些信息是无法观察到的）。

从真实性的角度看，真实性也是收集资料过程中极为重要的问题，失真的资料再多也没有意义。观察法收集的资料的真实性取决于调研人员的素质；而邮寄问卷调研法最易从调研对象处得到真实资料。

从收集资料的周期的角度看，每种收集资料的方法都需要一定的时间，但周期的长短不同。以调研周期为分析起点，同样可以得出调研周期是“第一重要”的结论。因为现代市场调研要讲求时效性，没有及时性也就失去了市场调研的全部意义。从具体方式上看，邮寄访问法一般要两个月左右的时间；而在可比规模内，电话访问法可大大缩短调研周期。

从调研费用支出角度看，每次市场调研的费用都是有限的，因此对于调研效益也必须给予足够的重视，调研效益也可以说是调研中至关重要的因素。从具体调研方式看，邮寄访问法较节约费用。但需要指出的是，计算调研费用要从调研整体上看。以邮寄访问法为例，不仅要计算邮资，还要看到写地址或清理地址所需的时间及打印问卷、补寄的费用等。

项目小结

金融产品营销调研介绍了金融市场调研的概念和功能、金融产品市场调研的程序、目标市场选择的策略、金融市场调研的方法、金融市场细分的含义和分类标准、调查问卷设计的方法和技巧、调查报告撰写的方法等内容。

金融市场调研是指金融企业有目的、系统地收集与金融企业经营活动相关的信息资料，并运用科学方法对其进行分析研究以及做出有效结论的一种营销活动。

金融市场调研对于改善金融企业的营销管理十分重要。而市场调研的对象十分广泛，对于直接或间接影响金融营销活动的各种信息均应列入调查范围，以利收集信息资料，开展全面分析。

金融市场的调研对象主要包括以下四个方面：营销环境、客户需求、市场供求、金融产品。

金融市场调研的程序：收集和评价现有资料、实地调查分析、撰写调查报告、后续调查。

金融市场调研的方法与手段：访问法、观察法、实验法。

金融产品营销调研是指系统地设计、收集、分析和提供有关金融产品服务领域的相关信息，掌握金融企业所面临的特定营销状况，从而为金融产品的经营管理和市场营销决策提供依据的过程。

金融产品营销调研程序：确定营销目标、制订调研计划、收集调研信息、整理分析信息、写出调研报告。

影响金融产品营销调研方法选择的因素：调研对象、调研内容和提问形式、收集资料的要求。

任务检测

一、选择题

1. 确定目标时应使目标具备的性质有（　　）。

A. 可测性　　B. 激励性

C. 可行性　　D. 以上都是

2. 营销组合一般包括（　　）。

A. 产品和渠道　　B. 定价和促销

C. A 和 B　　D. 各项具体的营销策略

二、判断题

1. 金融产品营销流程是指金融产品营销的全过程。（　　）

2. 金融产品营销流程的选择间接制约和影响着整个金融产品营销计划和策略的制订和执行效果。（　　）

3. 营销目标也就是在本计划期内要达到的目标，主要是销售目标。（　　）

三、实训题

1. ××金融产品营销调研

学生以小组为单位选择一个金融产品设计调查问卷并进行调查。

2. ××金融产品市场选择分析

对所选金融产品进行市场细分，选择该产品的目标市场，找出该产品的卖点。

实训项目

训练一

【目的】通过本次训练，制定调研方案。

【资料】假设你是中国平安保险公司的一名新业务员，公司让你调研目前市面上对分红型理财保险产品的购买情况。学生以小组为单位进行。

【要求】1. 确定调研目标

2. 制订调研计划

①调研目的：调研的意义、调研的内容

②调研项目：资料、调研项目的内容

③调研方法的确定

④经费预算

⑤调研人员确定及日程安排

训练二

【目的】设计调查表。

【资料】针对训练一的内容，设计调研表。

【要求】主题明确、结构合理、通俗易懂、长度适宜、易于统计。

训练三

【目的】实地调研。

【资料】调研的方法、调研的对象。

【要求】完成调研。

训练四

【任务】通过调研搜集的信息进行调查资料分析。

训练五

【目的】完成调研报告。

【资料】通过调研资料的整理分析，撰写调研报告，并由组长对报告主要内容进行陈述。

【要求】1. 调研报告结构完整。

2. 调研数据真实。

3. 文字表述准确、清晰。

项目三　金融产品营销的渠道策略

学习目标

〔知识目标〕

1. 了解金融产品营销渠道的含义；
2. 掌握金融产品营销渠道的类型；
3. 了解各类金融企业分销渠道策略；
4. 了解金融产品营销渠道设计的影响因素；
5. 掌握金融产品营销渠道设计应遵循的原则；
6. 掌握金融产品营销渠道管理的主要内容；
7. 掌握渠道冲突的解决办法；
8. 掌握渠道评估的主要内容；
9. 了解金融产品营销渠道的发展趋势。

〔技能目标〕

1. 能够按照金融产品营销渠道设计的原则，选择金融产品的销售渠道；
2. 能够根据金融产品营销渠道管理的要求，正确分析并解决渠道销售冲突的问题；
3. 能够识别冲突的成因，选择恰当的处理方法；
4. 能够对某一金融渠道，选择合适的方法进行渠道评估。

案例导读

商业银行渠道和网点的重整与再造

2004年6月28日，国内8家股份制商业银行在上海开通了新型的“柜面通”业务，即这8家银行的借记卡用户可以在各营业网点的“柜面通”专用窗口实现跨行存款，而且无须为此支付额外的手续费。该业务的背后其实是网点数量上处于弱势的八家总部不在上海的股份制商业银行之间的网点共享。尽管“柜面通”业务在技术实现方式上并没有实质性的突破，但是从商业银行网点建设和共享的层面看，“柜面通”的出现无疑具有里程碑式的意义。

事实上，最近几年国内商业银行早已将渠道整合与网点转型的问题提升到与股份制改造、风险管理、降低不良资产比率和金融业务创新等核心战略问题同样的高度。四大国有商业银行考虑的是如何根据效益最大化原则调整现在手中的上万个网点；全国性股份制商业银行则希望能够在新型渠道上做足文章，同时通过新设网点，尤其是在总行之外的异地新设网点，更加有效地支持当地业务的全面开展，或者通过类似“柜面通”的合作方式实现网点资源的共享，以弥补自己在网点设置覆盖面不足的欠缺；而对于地区性商业银行来说，在地区内通过合理的网点布局、灵活多变的经营方式和有特色的业务品种来提高自己的市场份额，无疑也是一条比较现实的渠道构建思路。

与此同时，网上银行、电话银行、自助银行等有别于传统网点销售渠道的新型渠道经过几年的发展，已经取得了比较明显的成绩。在一些商业银行中，电子银行的业务占比已经达到了“两位数”。但是，如今新型渠道也同样面临一些现实问题，如新型渠道内部如何进一步整合，新型渠道与传统渠道之间如何相互配合、支持，如何让新型渠道具有鲜明的特色和竞争对手难以模仿的竞争力，如何避免走重复建设和同质化的老路，等等。

资料来源：庞瑞江，商业银行渠道和网点的重整与再造，中国金融电脑，2004.

请思考：1. 商业银行为什么要开通“柜面通”业务？

2. 案例中提到了哪些营销渠道？

任务一　金融产品营销渠道的类型及选择

对于金融企业营销来说，只有让目标市场的顾客在最快的时间和最方便的地点得到他们所需要的金融产品和服务，才能实现营销目标，取得较高的经济效益。金融企业要根据不同的时间、不同的区域、不同的客户选择多种营销渠道使顾客能够方便购买所需要的金融产品和服务，就必须制定和实施有针对性的渠道策略。

小贴士

金融企业选择营销渠道的三不原则：

◇不同的时间

◇不同的区域

◇不同的客户

一、金融产品营销渠道的含义

1. 营销渠道

营销渠道（Marketing Channels），又称贸易渠道（Trade Channels）或分销渠道（Distribution Channels）。关于营销渠道的定义，有很多种。营销大师菲利普·科特勒认为，市场营销渠道是指某种货物或劳务从生产者向消费者移动时，取得这种货物或劳务所有权或帮助转移其所有权的所有企业或个人。营销学家斯特恩和艾尔·安塞利认为：营销渠道是促使产品或服务被顺利地使用或消费的一整套相互依存的组织。肯迪夫和斯蒂尔给营销渠道下的定义是：营销渠道是指当产品从生产者向最后消费者或产业用户移动时，直接或间接转移所有权所经过的途径。美国市场营销协会（AMA）定义营销渠道为：营销渠道是指企业内部和外部的代理商和经销商（批发和零售）的组织机构，通过这些组织，商品（产品或劳务）才得以上市行销。

由上述定义可知，营销渠道的本质就是产品或服务由其提供者传至消费者手中所经过的各个中间商连接起来的通道，这一通道可直接、可间接，可长可短，可宽可窄。一般包括代理商、经销商、批发商或零售商等（见图 3-1）。

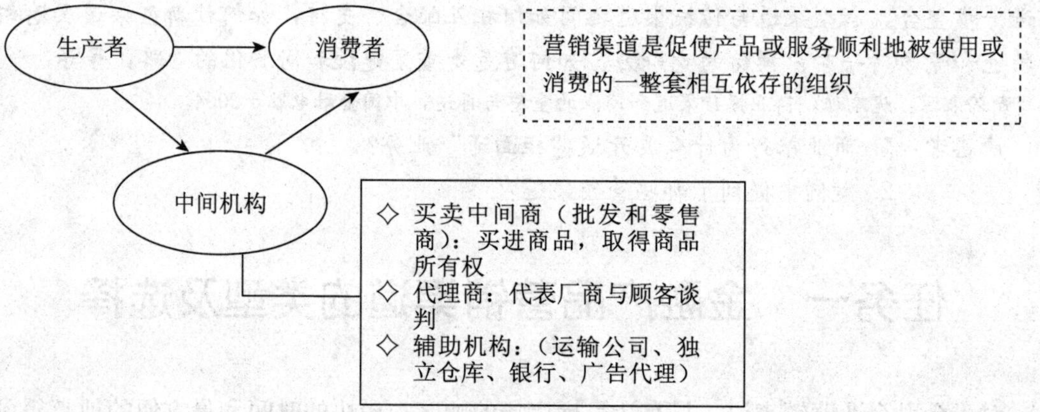

图 3-1　营销渠道的本质

2. 金融产品营销渠道

金融产品营销渠道，是指金融服务或者服务产品从生产领域流向消费领域所经过的整个通道，以及在产品整个传递过程中，为满足目标市场消费者的需求，利用各种信息技术和基于信息技术发展起来的网络终端向顾客提供的各种服务。自 20 世纪 80 年代以来，金融自由化趋势得到了明显发展，金融创新产品层出不穷，主要的金融机构纷纷推出新的金融产品来吸引消费者，金融产品极度丰富，金融行业的竞争加剧。消费者从关注金融产品本身，转而开始关心如何方便、快捷、高质量地获得日常的金融服务。因此，营销渠道在整个金融产品营销战略中占据了更为重要的地位。

3. 金融产品营销渠道的作用

金融产品营销渠道在分销金融产品或服务的过程中，主要具有以下功能。

（1）销售功能。金融企业通过金融产品营销渠道向目标顾客销售金融产品，提供金融服务。

（2）服务功能。金融产品营销渠道通过向终端顾客提供一系列的金融服务，使顾客感知利益增值。如通过批量拆分，为顾客提供小批量的购买规模，从而降低因需大批量购买而使部分顾客无法实现利益增值；通过向终端顾客提供空间的便利性、降低目标顾客的交通成本和搜寻成本；通过缩短顾客在消费或者购买过程中的等待时间，降低顾客的消费成本（时间成本和精力成本）；通过提供更多的可供选择的金融产品或者服务，增加金融产品的功能，更好地满足顾客的个性化需求；增加一些额外的服务，给顾客一些惊喜，从而为顾客带来更高的让渡价值；提高顾客的满意度，从而培养起顾客对本企业或本企业金融服务或服务产品的忠诚度。

（3）便利功能。金融产品营销渠道为顾客提供了时间的便利性、空间距离的便利性，以及信息技术终端网络渠道使用的便利性，不仅让顾客买得到，而且方便购买，从而减少顾客寻求金融服务和服务产品的成本，增加顾客的满意度。

（4）信息功能。收集、分析与顾客打交道所必需的信息。随着现代信息技术，尤其是互联网技术、通信技术的发展，通过终端渠道可更广泛地收集和分析最新的金融咨询信息，并以最快捷、便利的方式传递给目标顾客。

（5）宣传功能。为金融产品制订营销活动计划，设计更为有效的广告和促销活动，实施人员推广、公共关系等销售促进策略。

二、金融产品营销渠道的类型

从金融产品和服务在传递过程中是否经过中间商来看，金融产品营销渠道可分为直接渠道和间接渠道两大类。

1. 直接渠道

直接渠道又称零阶渠道，是指金融企业直接把金融产品和服务提供给顾客，不需要借助中间商完成销售。采取直接销售渠道具体有三种情况。

（1）金融机构自身网点或分支机构分布较为广泛，能够满足销售要求；

（2）金融产品专业化要求较高，通过其他渠道无法满足专业要求；

（3）金融产品的目标顾客较为集中、明确，需要针对重点客户，实行点对点销售服务。

综合商业银行、保险公司、证券公司、基金公司的具体情况，直接销售渠道大体有以下几种类型：

（1）分支机构。分支机构是金融企业营销最传统的渠道。所谓分支机构是指整体金融企业的一个组成部分，它在经营业务、经营方针等各方面都要受到公司总部不同程度的控制，是金融企业的一种服务终端，用于处理交易。如我国四大银行的营销渠道实行的是总行、两级市行、两级支行、分理处、储蓄所六级建制。总部都设在北京，按照省级区划设一级分行，省内各地级市设二级分行，以下设立县支行，有的地方还下设储蓄所；保险公司在各地设立的分公司，证券公司为从事一级、二级市场业务在各地所设立的分公司，以及为从事股票买卖业务而在各地设立的营业部，分别构成了保险公司和证券公司的直接分销网络。

（2）面对面销售。面对面销售是最原始，也是最有效的销售方式，是指金融企业金融产品和服务的推销人员与目标顾客面对面直接的交流。金融产品和服务的销售，可以在金融企业设置的固定网点——营业厅里进行，也可以是金融企业销售人员上门推销。这种方式的优点是高度互动，信息交流顺畅准确。金融机构中自身发展起来的银行客户经理、保险代理、股票经纪等，都是从事面对面推销的直接销售组织。

（3）直接邮寄营销。直接邮寄营销，是指把直接邮件作为金融企业金融产品或服务的发盘载体，目标顾客根据该发盘信息，通过指定的渠道（电话、信函）进行问询或订购的营销过程。直接邮寄营销具有以下特点：①成本低廉；②包含的信息十分详细全面；③用邮件的方式寄给顾客，缩短了与顾客之间的心理距离；④巩固与老顾客之间的关系；⑤直邮的对象是经过认真筛选的，具有很强的针对性，与其他营销工具相比减少了许多盲目性。

（4）电视直复销售。直复营销是消费者个性化需求的产物，是传播个性化产品和服务的最佳渠道。金融机构的电视直复销售就是通过电视将金融产品和服务直接销售给潜在客户。一般有三种途径：①直复广告，即金融企业购买电视广告时间，介绍金融产品和服务，并给出免费电话号码，目标顾客可以借此订购产品或查询更多信息；②家庭购物频道，即整个电视频道都是用来推销金融产品和服务；③视频信息系统，这是一种通过电缆或电话线连接消费者和销售计算机信息库的双向装置，消费者通过双向电缆连接视频系统的一种专门的键盘装置订购金融产品。

（5）电子渠道。电子渠道作为全新的服务渠道，以其超时空、低成本的优势，深受金融企业和顾客的青睐。首先，电子渠道能够突破时间限制，并促进虚拟化金融市场的形成和发展；其次，降低了金融服务成本，减少了设置固定网点和配备专职销售人员的费用；再次，强化了金融企业内部管理，金融企业内部为适应高速的网络化服务，必须对原有的管理方式和组织架构进行改革，从而达到优化管理、体制和流程的效果。

（6）信用卡网络。信用卡网络是银行的一种直接分销方式，是指银行通过发行信用卡，向持卡人直接提供金融服务，由此而建立起来的信用卡网络，是银行向顾客分销金融产品的直接渠道。在信用卡网络里，还包含着零售商场、酒店及其他消费场所。因此，为使消费者能享用信用卡服务，银行必须先向这些机构推销其信用卡业务，并借助于它们服务于消费者。

2. 间接渠道

间接渠道是指金融产品和服务的销售与金融企业自身相分离，是通过一定的中介商间接销售出去的。

（1）银行的间接销售渠道。银行利用间接渠道进行销售的金融产品主要是信用卡。一方面，信用卡业务的最终消费对象是消费者，但消费者要享受信用卡服务，必须借助于商场、酒店等消费场所。从这个意义上说，信用卡业务的销售是利用了间接渠道。另一方面，要使消费者能够享受到信用卡服务，银行必须让商场、酒店等消费场所开展信用卡业务。银行信用卡是信用服务的实体化表征，但并非服务本身。通过信用卡，银行克服了金融服务的不可分割性问题，通过利用商场及酒店这些中间机构，扩大了银行的服务区域。

（2）保险公司的间接销售渠道。这种渠道亦称中介制，是指保险公司通过保险代理人和保险经纪人等中介机构向准保户推销保险产品。

1）保险代理人。保险代理人是根据保险人的委托，向保险人收取代理手续费，并在保险人授权范围内代为办理保险业务的单位或个人。从事保险代理活动的单位或个人，根据不同的标准可分为不同的种类。

按授权范围不同，保险代理人可分为总代理人、地方代理人和特约代理人。总代理人是经保险人授权，全面负责某一地区的保险业务的代理人。地方代理人，亦称营业代理人，是指由总代理人委托，但同时又可与保险人保持直接联系，其授权仅限于招揽业务，交付保险单，收取第一次保险费的代理人。特约代理人是受保险人委托处理某项特别事务的代理人（如医生）。

按代理性质不同，保险代理人可分为专业代理人和兼业代理人两种。专业代理人是指受保险人的委托，以保险人的名义专门为保险人代理保险业务，并向保险人收取代理手续费的单位或个人。兼业代理人则是指本身有固定的职业或工作，同时又接受保险人的委托，以保险人的名义办理保险业务，并向保险人收取代理手续费的单位或个人。

按代理对象不同，保险代理人可分为专属代理人和独立代理人。专属代理人只能为一个保险公司代理保险业务。独立代理人则可以以独立的身份和名义同时为几个保险公司代理保险业务。

我国的《保险代理人管理规定》（1997）明确了三种代理人：专业代理人、兼业代理人和个人代理人。其中专业代理人的组织形式为有限责任公司，兼业代理人是指接受保险人的委托，在从事自身业务的同时，指定专人为保险人代办保险业务的单位。

2）经纪人。经纪人是基于投保人的利益，为投保人与保险人订立保险合同提供中介服务，并依法从保险人那里收取佣金的单位或个人。根据我国《保险经纪人管理规定》（1997），保险经纪人只能是有限责任公司。

（3）基金、证券公司的间接销售渠道。基金的销售渠道是基金产品由基金公司销售给特定投资者群体的途径，也是基金产品与投资者直接接触和沟通的媒介。

基金公司的间接分销机构通常为证券公司、商业银行或其他经监管部门认可的机构。通过这些渠道，基金公司向投资者提供满足其需求的基金产品和服务，及时传递并反馈基金的各类信息（包括基金的基本知识、基金资讯、专业投资建议等）。基金的销售渠道主要具有以下几种职能。

1）销售、提供服务及产品，同时向客户进行宣传。

2）联络广告和公关代理机构，帮助设计更为有效的广告宣传或促销活动。

3）为制订营销活动计划、战略决策和产品开发收集信息。

小贴士

基金的营销渠道：基金的销售中介机构有保险代理机构、商业银行、专业经纪公司、财务顾问公司等。

3. 金融中间商

金融中间商是指在金融产品由提供者传递到最终消费者之间起媒介和桥梁作用的组织机构及个人。金融产品分销渠道中的中间商主要包括以下一些银行和非银行金融机构：中央银行、商业银行、信托投资公司、证券公司、证券交易中心（交易所）、保险公司、融资租赁公司、资产托管公司等。而金融产品的提供者既可以是金融机构，也可以不是金融机构。如银行的存贷款，是金融机构生产的金融产品；国库券作为一种金融产品，其提供者是国家财政部，不是金融机构，但国库券却是一种金融产品。

金融中间商与金融企业的下属分支机构一样，在全面服务于最终客户方面履行着重要的职责，发挥着重要作用。

（1）市场调研。收集、分析和传递有关顾客信息、市场行情、竞争者信息及其他市场营销环境信息，为金融企业制订营销计划提供依据。

（2）沟通买卖双方。寻求解决金融产品和服务的需求者和提供者“双寻”过程中的矛盾，寻找潜在顾客，为不同细分市场上的顾客提供便利的营销服务。

（3）金融产品分类。解决金融企业金融产品和服务种类与消费者需要之间的矛盾，使金融企业提供的金融产品和服务能够符合顾客的需要。

（4）促销。传递与金融产品和服务相关的各类信息，进行关于金融产品和服务的说服性沟通；评估金融企业金融产品和服务受顾客和市场欢迎的程度，并有针对性地对金融产品和服务进行适当的促销活动。

（5）洽谈。寻找潜在顾客，并进行沟通，金融产品和服务提供者和需求者双方达成产品价格和其他条件的协议，实现所有权或持有权的转移。

（6）风险承担，即承担与从事金融产品营销渠道工作相关的全部风险。

小贴士

金融中介机构有两种分散风险的方法：一是通过向众多客户发放大量贷款，形成风险分散的资产组合；二是通过金融衍生工具进行套期保值。无论从资产组合的成本还是从组合本身的收益—风险比来看，前者要远逊于直接通过证券市场构造的资产组合；金融衍生工具主要是由基础证券派生出来的，所以后者与证券市场的风险管理功能是联系在一起的。

4. 批发与零售

在金融行业中，也存在着批发与零售，但是它们区别于实体产品的批发与零售业务。如现代商业银行的业务按其服务的对象可分为批发业务和零售业务。批发业务主要是指商业银行为企事业单位、社会团体和其他组织提供的金融服务，业务范围包括存贷款、转账汇兑等资产、负债和中间业务，其特点是规模大，业务集中。零售银行业务是商业银行以普通居民和私人业主为服务对象，针对个人不同的金融需求，利用自身的信用和信誉优势提供相应的金融产品和服务。服务范围包括资产业务、负债业务、投资管理、保险和其他金融服务。

案例分析

批发业务在我国目前商业银行的运营中起着举足轻重的作用，无论是规模效益巨大的四大国有银行还是规模较小、经营灵活的股份制商业银行。批发业务的经营收入，都占其总收入的60%～70%，部分股份制银行的批发业务甚至占其总收入的90%～100%。但是，随着我国经济的迅猛发展和金融业的多元化，批发业务的发展路径越来越窄，而零售业务将成为商业银行新的业务增长点。中国的零售业务是个新兴、增长中的业务。正因为如此，全国几乎所有的商业银行，最近4年来无不将其未来市场核心竞争力锁定在银行的零售业务上：早在2003年，民生银行就第一个旗帜鲜明地启动了银行零售业务事业部；自2004年以来，招商银行就开始了打造中国本土最佳零售银行的市场征程；2005年8月，中信实业银行正式更名为“中信银行”，去掉“实业”两个字的目的，就是为其全面向零售银行业务进军作铺垫；2006年9月，中国工商银行更是明确将“打造中国第一零售银行”列入战略规划；2007年6月，建行新闻发言人表示，“为了加强零售银行业务，我们在全国范围内开展了网点转型……”

资料来源：根据2008年第11期《财经纵横》中的《商业银行零售业务与批发业务的捆绑研究》整理。

请思考：各商业银行为什么将其未来市场核心竞争力锁定在银行的零售业务上?

三、金融企业营销渠道选择策略

1. 银行业营销渠道

(1) 商业银行传统营销渠道

商业银行的分行网点是商业银行最传统的渠道，一直担任着让客户与银行有直接接触的营业场所的角色。商业银行按照业务需要设立和决定分支机构的级别、层次和数量。我国四大银行在各地开设的分支机构大致有总行、两级市行、两级支行、分理处、储蓄所六级建制。总部都设在北京，按照省级区划设一级分行，省内各地级市设二级分行，以下设立县支行，支行下设分理处，有的地方还在分理处下设储蓄所。商业银行分支机构一般设立柜台服务、业务部门、客户经理、柜员机（ATM）等业务分销渠道，经营吸收公众存款、发放贷款、办理结算等基本业务和经银监会批准的中间业务。

(2) 商业银行其他营销渠道

商业银行通过与其他金融机构，如证券公司、基金公司、保险公司等联合开展金融业务，共同销售金融产品和服务。主要有以下三种渠道：

1) 银证通渠道。银证通是指在商业银行与证券公司联网的基础上，投资者直接利用在银行各网点开立的活期储蓄存款账户卡、存折作为证券保证金账户，通过银行的委托系统（电话银行、银行柜台系统、银行网上交易系统、手机银行等）或通过证券商的委托系统（电话委托、自助键盘委托、网上委托、客户呼叫中心等）进行证券买卖的一种新型金融服务业务。

案例分析

2007 年 4 月，股市出现了反弹上扬趋势，市民买股票的积极性再次高涨，选择用银证通在家或单位买卖股票的市民越来越多。据沪上多家银行反映，仅一周内，银证通业务均有大幅度上升。据上海市农行 95599 在线银行统计，4 月银证通业务笔数和金额分别比 5 月同期增长 117.2%和 51.7%。而最近一周，上海市建行银证通日均交易量也较 6 月 8 日行情前增长 260%以上，银证通业务开户数亦有较高程度的增长。与以往市民热衷银证通买卖股票不同，如今，通过银证通业务投资记账式国债的市民正逐步增加。

请思考：市民为什么愿意选择银证通投资于股票？

2）银基通渠道。银基通实际上是指银行与基金公司的合作，以银行卡或活期存折账户下设的专门账户作为基金交易的保证金账户，通过网上、电话和柜台等渠道进行多种基金选择和交易的业务。这种方式购买基金具有投资安全便捷、产品丰富，选择面宽的优势。

案例分析

为方便客户投资，招商银行充分利用先进的服务网络和手段，推出“银基通”服务系统，代理基金公司向客户提供开放式基金的各项投资理财服务。

招行“银基通”服务具有六大特点：

◇“一站式”服务——开户、认购、申购、基金转换、赎回、分红、转托管、非交易过户

◇通购通赎——多种渠道进行交易委托和查询

◇手段先进——电话、互联网、自助终端等

◇产品丰富——多种基金产品，满足各项投资的需要

◇综合理财——一个理财账户

◇24 小时服务——随时服务

请思考：招商银行为什么大力推行银证通服务系统？

3）银保通渠道。银保通是一种用于在商业银行和保险公司之间进行实时联机交易的应用系统。银保通业务是指通过银行的业务处理系统与保险公司系统的连接，实现投保人信息的及时传递，由银行柜面将保险公司予以承保的信息及时传递给客户，并在客户得到保险公司的承保后，在银行柜面及时打出保险单，从而为在银行办理保险业务的客户提供

代理保险服务。

（3）银行业务的新营销渠道策略

1）网络银行，又称网上银行、在线银行，是指银行利用互联网技术向客户提供开户、销户、查询、对账、行内转账、跨行转账、信贷、网上证券、投资理财等传统服务项目，使客户可以足不出户就能够安全便捷地管理活期和定期存款、支票、信用卡及个人投资等。可以说，网上银行是在互联网上的虚拟银行柜台。

2）电话银行，是指银行使用计算机电话集成技术，采用电话自动语音和人工服务方式为顾客提供金融服务的一种业务系统。电话银行系统是近年来日益兴起的一种高新技术，它是实现银行现代化经营与管理的基础，它通过电话这种现代化的通信工具把用户与银行紧密相连，使用户不必去银行，无论何时何地，只要通过拨通电话银行的电话号码，就能够得到电话银行提供的服务（如往来交易查询、申请技术、利率查询等）。

3）手机银行，又称移动银行、短信银行，是利用移动通信网络及终端办理相关银行业务的简称。作为一种结合了货币电子化与移动通信的崭新服务，手机银行不仅可以使人们在任何时间、任何地点处理多种金融业务，而且极大地丰富了银行服务的内涵，使银行能以便利、高效、安全的方式为客户提供传统的和创新的服务。而移动终端所独具的贴身特性，使之成为继自动柜员机（ATM）、互联网、销售终端机（POS）之后银行开展业务的强有力工具。值得注意的是，手机银行并非电话银行。电话银行是基于语音的银行服务；而手机银行是基于短信的银行服务。

表 3-1　　商业银行传统渠道和新兴渠道的简单对比

渠道类型 特点	物理网点（分支机构）	自助银行（ATM/POS）	电话银行	网上银行	手机银行
最佳交易组合	带来高额利润的业务，为优质客户提供个人理财等全方位服务	实现查询、存取款、转账、汇款、基金、外汇、彩票、机票代理、IC卡交易，功能上最接近柜台	实现查询、转账、代交费等日常交易	实现查询、转账、代交费、网上支付、投资理财等业务，提供全面标准的银行业务、产品和服务信息	实现查询、转账、代交费等日常交易
特征与趋势	客户使用处于下降状态；客户偏向于面对面交谈，有利于信息有效沟通；网点转型、提升营销功能	ATM 等自助设备发展迅速；服务量和服务能力不断提升；业务交易不断增加；虚拟渠道中客户认知率最高	增加与客户交流机会，但成本下降；新技术已经允许呼叫识别和服务优先顺序排队	交易成本最低；客户发展较快；受网络安全性影响较大，有整合其他渠道的发展趋势	增加与客户交流机会，成本低

续 表

特点＼渠道类型	物理网点（分支机构）	自助银行（ATM/POS）	电话银行	网上银行	手机银行
对客户的要求	对客户无任何能力要求，但业务处理时间较长，交易地点由银行指定	基本上对客户无要求，业务处理时间较快，交易地点由银行指定	基本上对客户无要求，业务处理时间较快，交易地点由客户指定	客户必须对计算机的基本技能和常识熟悉，业务处理时间较快，交易地点由客户指定	基本上对客户无要求，业务处理时间较快，交易地点由客户指定
设置成本	成本最高	成本较高	成本较低	成本较低	成本低
服务范围	物理网点地理位置周边	设置地点周边	本行客户	所用互联网客户	本行手机用户
服务方式	面对面沟通	自助单向服务	自助双向服务	任何方式	自助双向服务
服务时间	8 小时服务	24 小时服务	24 小时服务	24 小时服务	24 小时服务
收入来源	存贷利差、手续费	利差、手续费等派生收入	利差、手续费等派生收入	利差、手续费等派生收入	利差、手续费等派生收入
服务对象	所有客户	所有客户	本行客户	互联网客户	手机用户
交易成本（美元）	最高（1.07）	较高（0.27）	较高（0.35）	低（0.01）	较低（0.16）
安全风险	人为操纵，如偷窃等	抢劫、盗窃、机器故障	人为盗窃密码	盗窃交易资料、破坏主机	盗窃交易资料、通信故障

资料来源：国外金融机构（Booz Allen&Hamilton/Logica Estimate）的调查结果。

2. 证券业营销渠道

（1）股票承销方式。发行股票的企业将股票销售业务委托给专门的股票承销代理机构，股票承销的方式有两种。

1）包销。包销是指证券（股票）发行人与承销机构签订合同，由承销机构买下全部或销售剩余部分的证券（股票），承担全部销售风险。对发行人来说，包销不必承担证券（股票）销售不出去的风险，而且可以迅速筹集资金，因而适用于资金需求量大、社会知名度低而且缺乏证券（股票）发行经验的企业。包销在实际操作中有全额包销和余额包销之分。全额包销是指发行人与承销机构签订承购合同，由承销机构按一定价格买下全部证券，并按合同规定的时间将价款一次付给发行公司，然后承销机构以略高的价格向社会公众出售。在全额包销过程中，承销机构与证券发行人并非委托代理关系，而是买卖关系，即承销机构将证券（股票）低价买进然后高价卖出，赚取中间的差额。对发行人来说，采用全额包销方式既能保证如期得到所需要的资金，又无须承担发行过程中价格变动的风险。

因此全额包销在西方成熟证券市场中是最常见、使用最广泛的方式。余额包销是指发行人委托承销机构在约定期限内发行证券（股票），到销售截止日期，未售出的余额由承销商按协议价格认购。余额包销实际上是先代理发行，后全额包销，是代销和全额包销的结合。

2）代销。代销是指证券（股票）发行人委托承担承销业务的证券经营机构（承销机构或承销商）代为向投资者销售证券。承销商按照规定的发行条件，在约定的期限内尽力推销，到销售截止日期，证券如果没有全部售出，那么未售出部分退还给发行人，承销商不承担任何发行风险。在代销过程中，承销机构与发行人之间是代理委托关系，承销机构不承担销售风险，因此代销佣金很低，代销发行比较适合于那些信誉好、知名度高的大中型企业，它们的证券容易被社会公众所接受，用代销方式可以降低发行成本。

（2）股票发行分销。金融机构、工商企业等在发行股票时，可以选择不同的投资者作为发行对象。一般来讲，股票的发行分为公募和私募两种形式。

1）公募又称公开发行，是指发行人通过中介机构向不特定的社会公众广泛地发售证券，通过公开营销等方式向没有特定限制的对象募集资金的业务模式，其募集过程是由政府部门监管的。为适应广大投资者的需求，公募没有合同份数和起点金额的限制。因为涉及众多中小投资人的利益，监管当局对公募资金的使用方向、信息披露内容、风险防范要求都非常高。

2）私募是相对于公募而言的，私募是指非公开宣传的，私下向小规模数量的特定投资者（通常 35 个以下）出售股票，募集资金的方式。此方式可以免除一些在证券交易委员会的注册程序。投资者要签署一份投资书声明，购买目的是投资而不是为了再次出售。参加人一般应具有一定的经济实力、风险识别和风险承担能力。

3. 保险业营销渠道

（1）保险代理人

根据保险人的委托、向保险人收取代理手续费，并在保险人授权范围之内代保险人办理保险业务的组织或个人。

1）专业代理人。是指受保险人的委托，以保险人的名义专门为保险人代理保险业务，并向保险人收取代理手续费的单位或个人。

2）兼业代理人。是指本身有固定的职业或工作，同时又接受保险人的委托，以保险人的名义办理保险业务，并向保险人收取代理手续费的单位或个人。主要有金融部门、专业组织、基层组织、企事业单位等。如新兴的银行保险，就是银行作为保险公司的兼业代理人而进行的保险分销。

3）个人代理人。是指根据保险人的委托，在保险人授权的范围内代办保险业务并向保险人收取代理手续费的个人。个人代理人开展业务方式灵活，为众多寿险公司广泛采用。

（2）保险经纪人

我国《保险法》（2002 年）第 123 条规定：保险经纪人是基于投保人的利益，为投保人与保险人订立保险合同提供中介服务，并依法收取佣金的单位。保险经纪人具有以下特征：

1）保险经纪人不是保险合同的当事人，他仅为投保人与保险人订立保险合同提供中介服务。保险经纪人不能代理保险人订立保险合同，这是他与保险代理人的明显不同之处。

2）保险经纪人是依法成立的单位，个人不能成为保险经纪人。

3）保险经纪人以自己的名义从事中介服务活动，承担由此产生的法律后果。投保人或保险人虽然是保险经纪人的委托人，但对保险经纪人的经纪活动并不承担责任，这也是保险经纪人与保险代理人之间的重要不同。

4）因保险经纪人在办理保险业务中的过错，给投保人、被保险人造成损失的，由保险经纪人承担责任。

5）保险经纪行为是营利性行为，保险经纪人有权收取佣金。

（3）保险公估人

在保险经营的过程中，保险公司所承保的风险是多种多样的，保险公司不可能配备门类齐全的所有专业人员，而且由保险公司自己评估和鉴定保险事故，其公正性难以使人信服。于是，从事保险事故勘验、鉴定、评估的保险公估人应运而生。

保险公估人在我国称为保险公估机构，是指依照《保险法》等有关法律、行政法规以及《保险公估机构管理规定》，经中国保监会批准设立的，接受保险当事人委托专门从事保险标的的评估、勘验、鉴定、估损、理算等业务的单位。保险公估人是站在独立的立场上，接受保险公司和被保险人的委托为其提供保险事故评估与鉴定服务，协助保险理赔的独立第三人。

根据《保险公估机构管理规定》，保险公估的内容主要有以下几项：①保险标的的承保前的检验、估价和风险评估；②对保险标的的出险后的勘验、检验、估损及理算；③经中国保监会批准的其他业务。

任务二　金融产品营销渠道设计

合理地设计和建立金融产品营销渠道，把金融产品和服务及时、方便、有效、经济地提供给市场和消费者，是满足市场需求，实现金融企业运营目标的重要保障。

一、影响金融产品营销渠道设计的因素

金融企业合理设计营销渠道需要考虑多种因素：产品因素、企业自身因素、市场因素和政策性因素等。

1. 金融产品的特性

产品特性是影响营销渠道选择的最直接的因素之一，金融企业要根据金融产品的特性，选择不同的营销渠道。金融产品的特性包括金融产品的价格、专业性、及时性、技术性、售后服务等。一般而言，单位产品价格较高、专业技术性强和服务要求高的产品选择

直接营销渠道或短营销渠道策略。由于大多数金融产品都包含了较多的服务成分，大多要求选择较短和较窄的渠道，从而能够很容易地建立起广泛的营销网络和完整的服务体系。

2. 金融企业自身因素

金融企业自身因素包括其经济实力、管理能力、企业声誉、企业营销目标等因素。

(1) 经济实力。如果金融企业的资金实力雄厚，就可以建立自己的分销体系，直接销售产品提供服务；而资金紧张、实力较弱的金融企业只能通过中间商来销售。

(2) 管理能力。管理能力包括金融企业人才配备是否合理。如果金融企业对销售业务的管理能力强，就为自己组织销售系统开展直接分销提供了可能；如果金融企业缺乏销售管理的经验，或对市场情况难以控制，就只能依靠中间商。

(3) 企业声誉。一般来讲，对于声誉高、服务条件优越的金融企业，中间商愿意经销其产品，金融企业选择营销渠道的机会较多；反之，声誉不佳的金融企业选择营销渠道的余地相对较少。

(4) 企业营销的目标。金融企业经营的目标不同，所采用的渠道也不同。如果金融企业以提高资本回报率为经营目标，则选择直接分销；如果金融企业以扩大金融产品的市场覆盖面为目标，则可以增加分销策略，充分利用中间商现成的渠道，快速有效地抢占市场。

3. 市场状况

市场状况是金融企业选择营销渠道的重要依据，包括市场的深度和广度，可以对市场上的其他主体——客户、中间商、竞争者进行分析。

(1) 客户。市场中客户的数量、种类、购买频率、地区分布和顾客心理均是金融企业选择金融产品营销渠道时应考虑的问题。

1) 数量。潜在客户的数量决定了对金融产品潜在的需求量，代表了市场的广度。对客户需求量大、潜在需求旺盛的市场，宜采用直接营销渠道，加快流通速度。对客户数量不多的市场宜选择间接渠道策略。

2) 种类。不同类型的顾客对金融产品的需求是不同的，客户是个体消费者还是群体消费者，是最终消费者还是中间消费者等，都需要金融企业详细分析。

3) 购买频率。对购买频率低的金融产品，一般来说需求量也不大，宜采用间接营销渠道；而对于购买频率高的金融产品，可设置分支机构进行销售。

4) 地区分布。一般来讲，客户分布广泛、分散时，金融企业应选择间接营销渠道；对于集中市场，金融企业宜采取直接营销渠道以缩短销售时间。

5) 顾客心理。包括顾客对金融风险的偏好情况、对金融产品收益的要求、对金融产品的忠诚程度、对金融企业促销手段的反应等。这些都可能会影响到金融企业营销渠道的选择。

(2) 中间商。中间商的性质、能力及对各种金融产品销售的适应性也会影响到金融企业对营销渠道的选择。如对某些技术性很强的金融产品，如果要采用间接营销渠道，则应选择有相应技术能力或设备的中间商。

(3) 竞争者。金融企业营销渠道的选择往往会受到竞争者的影响。可以在竞争者网点附近设立销售点，争取以质取胜；也可以避开竞争对手的锋芒，在市场空白另辟渠道。

4. 政策因素

主要体现在国家制定的政策、法规和条例对金融企业选择营销渠道的制约。如对某些金融服务，国家实行的是管制政策，不允许设立分支机构开展经营，那么金融企业要想进入，只能选择间接渠道。又如根据我国银监会现有规定，商业银行设立分行需要拨付营运资金1亿元，直属支行或异地支行升格为分行需增拨营运资金5000万元。这些都是硬性规定，必须遵守。

小贴士

> 金融企业设计营销渠道除考虑上述因素外，还应考虑：
> ◇是否符合当地经济发展
> ◇人才配备是否合理
> ◇渠道布局是否科学

二、金融产品营销渠道设计

分销渠道的设计和选择是金融企业的重大决策之一。分销渠道的设计主要包括确定渠道类型、渠道长度和宽度等。

1. 确定营销渠道的类型

金融企业渠道设计首先要解决的便是确定分销金融产品和服务所需要的渠道类型。金融产品的分销渠道有多种类型，如直接渠道、间接渠道、垂直联合渠道、复式渠道等，每种类型都有其优、缺点和适用范围。因此，金融企业必须根据实际情况和制约因素，如金融企业的资源状况、经营目标、管理水平，目标市场的供求状况，国家的法律、政策，最终消费者的偏好等来选择合适的分销渠道类型。如公司债券这类金融产品，就必须通过间接渠道，即依靠银行、证券公司、信托公司等金融机构来分销。

2. 确定渠道的长度

所谓金融产品营销渠道的长度是指金融产品从提供者手中最后转移到金融产品需求者手中所经历的环节的多少。采用的渠道不同，经过的流通环节的多少也不一样。营销渠道的长度决策取决于多方面的因素，如产品特性、企业特性、市场特性等。就产品特性来看，技术和服务含量较大的金融产品（资金拆借、保险等），则需要较短的渠道，以保证技术和服务有效、准确、全面地送达最终消费者。就市场特性来看，对选择性不强但消费者要求服务要方便的产品如国库券，则适宜采用较长的渠道。

3. 确定渠道的宽度

所谓金融产品营销渠道的宽度是指有从事经营这种金融产品的分支机构的数目。分销渠道宽度的确定包括两个方面：一是确定分支机构的数目；二是确定金融企业在每一层次中利用多少中间商来销售金融产品。一般有三种策略可供选择：

（1）密集分销策略，即在一个销售地区广泛设立分支机构或直接动用尽可能多的中间商来销售产品，一般适宜于一些可以大规模标准化生产的金融产品的分销。

（2）独家经销策略，即产品提供者在一定地区、一定时间只设立一家分支机构或只选择一家中间商销售自己的产品，适用于购买者十分重视品牌、技术性强、服务要求高的产品的销售。

（3）选择性分销策略，即产品提供者在特定的市场内只设立几个分支机构或有选择地直接运用一部分中间商来推销产品，适用于选择性强和同类替代品较多的金融产品的经销。

三、金融产品营销渠道设计的原则

1. 安全性原则

安全性原则是金融企业根据自身业务运作特点所要考虑的首要原则。金融产品分销渠道的设计应以消费者的需求为导向，努力提高分销效率，降低分销费用，赢得竞争的时间和价格优势。安全性原则就是要求金融产品和服务能安全顺利地经分销渠道传递给最终消费者。

2. 经济性原则

金融企业营销应该以最小的投入获得最大的产出。因此，以最有效率的方式、最低的营销费用销售金融产品是设计渠道的一个重要原则。

在设计分销渠道时，可以设立两种或两种以上的销售方案，将选择某一渠道所引起的销售收入的增长同实施这一渠道方案所需费用做比较，以评价分销渠道决策效益的高低。这种比较可以从两个角度进行：①静态效益的比较，即在同一时点对各种不同的渠道方案所可能产生的经济效益进行对比；②动态效益对比，即对各种不同渠道方案在实施过程中所引起的成本和收益的变化进行对比。基于这些比较，可以选择比较经济的渠道策略。另外，在利用中间商时，还要注意选择处于有利地理位置、具有较强经济实力和能提供较好服务的中间商。

3. 一致性原则

这里的一致性是指与金融企业的目标相一致。金融企业目标主要包括金融企业形象、金融产品的市场覆盖程度、市场占有率的计划、金融企业对分销渠道的控制意愿等，分销渠道的设计必须与上述目标保持一致。

4. 适度控制原则

控制是金融企业对分销渠道施加影响的程度。从长远来看，金融企业对分销渠道的选择除了要考虑其经济性以外，还必须考虑能否对其进行有效的控制。在各种分销策略中，金融企业对本企业设置的分支机构的控制最容易，但成本却很高，且市场覆盖面较窄；建立特约经销或代理关系的中间商较易控制，但这样会导致金融企业对中间商过度依赖，中间商的销售能力会对金融企业造成很大影响；利用多家中间商在同一市场进行销售，会降低风险，但对中间商的控制能力也会相应减弱。总之，金融企业必须在经济性和可控制性之间进行一定的权衡，对分销渠道的控制应当是适度的。

5. 连续性原则

连续性是指金融企业要认真寻找实力、信誉良好的中间商，以便实现对其产品的持续销售。对金融企业来说分销渠道的设计是营销组合中具有长期性的决策，某条渠道的建立需要付出一定的代价后才能建立，而对其的维持也需要大量的投入。因此要尽量维持分销渠道的持续经营，避免出现中间商在该金融产品销路好、利润高时蜂拥而至，而在销路不好时又都投入其他企业的现象。

6. 适度覆盖性原则

覆盖面是指金融产品最大的销售区域范围，是该渠道中所有面向最终客户的销售商所覆盖的销售区域或者用户的总和。要考虑渠道成员数量的多少、渠道成员的分布位置、渠道终端的商圈范围（即以零售商为中心，周围可方便消费者购买的实际及潜在消费者的分布范围）和渠道成员的市场渗透率（即是渠道成员销售产品的深度）。金融企业在进行分销渠道设计时，不仅应考虑分销渠道是否有足够的市场覆盖率以支持针对目标市场的销售任务，还应避免渠道扩张过度、分布范围过宽、过广，防止出现渠道成员之间沟通和服务困难而导致无法控制和管理目标市场的局面发生。

7. 合作性原则

渠道成员之间不可避免地存在着竞争，金融企业在设计营销渠道模式时，要充分考虑竞争的强度。一方面鼓励渠道成员之间的有益竞争，另一方面又要积极引导渠道成员的合作、协调冲突、加强渠道成员的沟通，努力使各条渠道有序运行实现既定目标。

8. 便利性原则

这里所说的便利性主要指交通和通信的便利。由于金融产品含有较多的服务功能，通信与交通的发达程度，对金融产品的分销具有重要的影响。在现代金融市场中，发达和便利的通信和交通手段，使得信息的流通和反馈及时有效，金融产品的分销能顺利进行。

9. 易于沟通原则

沟通不仅包括金融企业与各中间商之间的沟通，还包括各中间商之间的沟通，这是一种信息的双向传递和反馈。只有经过不断的沟通，各渠道成员才能相互了解，分销渠道才能正常有效地运作。

10. 灵活性原则

由于除了金融企业直属的分支机构以外，很多渠道成员都是不能被完全控制的，所以，在制定分销策略时应该讲究灵活性，随机应变，以适应环境的变化。金融企业应该根据不同时间、不同地区、不同经济发展水平、不同购买习惯、不同文化背景等因素选择不同的分销策略，并保持适度的弹性，随时根据市场及其环境的变化对其分销渠道进行适当的调整。

任务三　金融产品营销渠道的管理

金融渠道管理的中心任务是解决渠道中可能存在的冲突，提高渠道成员的满意度和营销积极性，促进渠道协调性和营销效率的提高。渠道管理工作主要包括协调和解决渠道冲突、金融产品营销渠道评估等内容。

一、协调和解决渠道冲突

1. 渠道冲突的概念

金融产品营销渠道冲突是指金融产品营销渠道成员发现其他渠道成员从事的活动阻碍或者不利于本组织实现自身的目标而将之视为敌人，且对其进行伤害、设法阻挠或在损害该成员的基础上获得稀缺资源的情景。换言之，所有渠道中相关成员的某一方或几方利用某些优势和机会对另一个或几个成员采取敌意行为的情况都可以被认为是渠道冲突。一般说来，金融产品营销渠道冲突是一个渐进发展的过程，包括以下几个发展阶段。

第一阶段：潜在冲突阶段。表现为金融产品营销渠道成员之间目标的差异，以及对现实的认知差异和缺乏有效沟通等。

第二阶段：感觉冲突阶段。冲突一方已经感觉到这种差异的存在，并且开始出现以一方或多方的敌对情绪为特征的冲突，但尚未出现冲突行为。

第三阶段：冲突阶段。金融产品营销渠道成员之间行为发生了冲突，出现了争执、抵制、报复等对抗行为。

值得注意的是，渠道冲突与存在于渠道中的竞争是不同的。竞争是一种间接的不受个人情感因素影响的、以目标为中心的行为。而冲突是一种直接的、受个人情感因素影响的、以对手为中心的行为。竞争和冲突最重要的区别在于是否有干预对方的活动。

2. 渠道冲突的处理

金融产品营销渠道冲突尽管有一定的可控性，但有时仍然是不可避免的。所以，应该正视渠道冲突，积极做好冲突的管理工作，将渠道冲突控制在适当的可控范围之内健康高效地运作。解决金融产品营销渠道冲突的流程包括三个步骤，如图 3－2 所示。

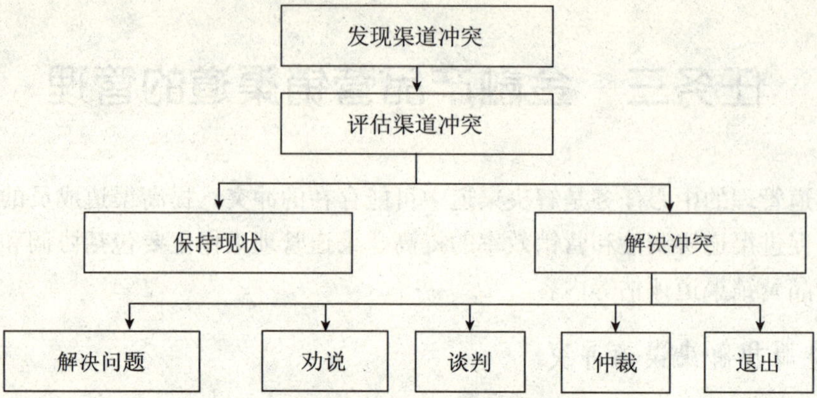

图 3-2　金融产品营销渠道冲突解决流程

（1）发现渠道冲突。发现渠道冲突的方法有多种。

1）定期检查渠道，及时听取金融产品营销渠道成员对各种问题的反馈。

2）进行渠道审计，即对渠道环境、目标、战略进行全面、系统、独立和定期的检查。以便发现机会，找出问题，提供正确的行动方案，保证渠道顺利运作；或者修正不合理的渠道计划，提高总体销售绩效。

3）定期召开中间商大会。保证金融企业能与中间商有更多的机会互相交流沟通。

（2）评估渠道冲突。金融产品营销渠道冲突必然会对渠道成员的关系和渠道绩效产生一定的影响，金融企业必须判断渠道冲突处在何种水平上：低水平冲突、中等水平冲突还是高水平冲突。

（3）保持现状或解决冲突。对于低水平和中等水平的渠道冲突，有其积极的一面，可以暂时保持现状。但对于金融产品营销渠道成员通过敌对行为所表现出来的高水平的冲突对分销渠道可能会带来破坏性的影响，必须及时解决。解决冲突的办法是多种多样的。

1）解决问题。解决问题的方法很多，最重要的两个是发展超级目标和加强渠道成员的沟通。解决同质冲突的方法一般是建立超级目标，使所有渠道成员通力合作以抵御来自其他竞争品的渠道系统的竞争。超级目标是指渠道成员共同努力，以达到单个成员所不能实现的目标，如渠道生存、市场份额、高品质和顾客满意。对于垂直性冲突，可以采用在两个或两个以上的渠道层次上实行人员互换，或者举行有效的信息交流会。进行人员互换，可以使双方更好地相互了解，更能设身处地地站在对方立场上考虑问题，以便在共同目标的基础上，妥善处理一些渠道内部冲突。

2）劝说。利用领导力，通过劝说来解决冲突。在整个渠道链里具有领导权的成员出面劝说，帮助成员解决有关各自的领域、功能和对顾客的不同理解的问题。对从本质上说，劝说是为存在冲突的金融产品营销渠道成员提供沟通的机会。劝说的重要性在于使各渠道成员履行超级目标的承诺。

3）协商谈判。谈判的目的在于停止金融产品营销渠道成员之间的冲突，这是一种讨价还价的方法，需要各渠道成员良好的沟通能力。在谈判过程中，每个渠道成员会放弃一些东西，从而避免冲突的发生，这需要每一位渠道成员都要有一个独立的战略方法以确保能解决问题。

4）仲裁或借助法律。利用仲裁解决冲突，需要加入第三方。用仲裁解决问题虽然很普遍，但往往解决不了问题。因为很少能找到一个合适的仲裁方，并能提出矛盾双方都接受的建议。通过诉诸法律来解决冲突意味着渠道中的领导力不起作用了，通过谈判、劝说、仲裁等方法都没有效果了，需要利用法律手段强制解决。

5）退出渠道。解决金融产品营销渠道冲突的最后一种方法就是退出现有的销售渠道。退出该渠道会导致两种情况：一是退出这个业务，换新业务；二是继续这个业务，换新渠道。无论哪一种情况，退出现有渠道就意味着中断与某一个或某些渠道成员的合同关系，应慎用。

二、金融产品营销渠道评估

1. 渠道运行状态评估

金融产品营销渠道的效率和功能大小取决于金融产品营销渠道的运行状态。所谓金融产品营销渠道运行状态是指金融产品营销渠道成员的功能配合、衔接关系和积极性发挥等方面情况的综合。金融产品营销渠道运行状态评估是以金融产品营销渠道建设目标和营销计划为依据，检查任务的分配是否合理，渠道成员的努力程度，是否存在有害的渠道冲突，销售是否达到既定目标等，具体来说就是要分析评估以下四个方面。

（1）金融产品营销渠道畅通性。金融产品营销渠道畅通性是指评估金融产品流经的各环节是否通畅，是否在合适的时间到达用户手中。造成渠道畅通性不足的原因，可能是渠道成员缺位，能力不足，相互之间协调沟通不够等。主要是评估：

1）金融产品营销渠道功能主体的到位情况。各种分销渠道功能必须由一定的分销渠道成员来承担，分销范围越大，分销功能越多，需要的分销渠道成员越多。只有保证分销渠道中的各个环节和每项渠道功能都有明确的分销渠道成员来承担，才有可能保证整个分销渠道的连续性和畅通性。

2）金融产品营销渠道功能配置情况。在分销渠道中，承担任何一种分销功能都需要具有专用的资源和特定的资质，如果配置的是不具备相应资格和能力的渠道成员，肯定会影响整个分销渠道的畅通性。

3）金融产品营销渠道的衔接情况。如果衔接不当或衔接不上，整个分销渠道的畅通性就会受到影响甚至造成渠道中断。

4）金融产品营销渠道的合作情况。金融产品营销渠道成员长期的稳定合作关系有利于金融产品营销渠道保持畅通。

（2）金融产品营销渠道覆盖面。金融产品营销渠道覆盖面是指金融产品最大的销售区域范围，是该渠道中所有面向最终客户的销售商所覆盖的销售区域或者用户的总和。主要是评估渠道成员的数量的多少、渠道成员的分布位置、渠道终端的商圈范围（即以零售商为中心，周围可方便消费者购买的实际及潜在消费者的分布范围）和渠道成员的市场渗透率（即是渠道成员销售产品的深度）。

（3）流通能力及其利用率。流通能力是指在平均单位时间内由该渠道从厂商转移到用户手中的产品的数量，一般取决于整个流通环节中的瓶颈部分。流通能力的评估可以通过流通能力利用率来衡量，常用的指标有日均零售量、平均产品流通时间等。

（4）金融产品营销渠道冲突。金融产品营销渠道冲突就是评估各成员对渠道冲突的处理情况，即各渠道成员对同质冲突、水平冲突和垂直冲突是怎样处理的。

2. 服务质量评估

对服务质量的评估通过以下几个方面进行。

（1）信息沟通质量的评估。市场信息的搜集和传送者主要是零售商或批发商，而信息的接收者或使用者是生产厂商或渠道领袖。主要考察渠道下游向渠道上游反馈的有关市场和产品信息是否有效，衡量指标包括沟通频率、沟通内容、沟通时间和沟通方式等。

（2）金融产品分配的服务质量评估，即评估营销渠道成员满足其顾客需要的及时程度。

（3）促销效率的评估，即在促销活动前后流经金融产品营销渠道的金融产品流通量的变化与预期效果的比较。

（4）顾客抱怨及处理的评估。包括分析评估金融企业和有关成员的顾客抱怨数量、抱怨性质、影响的严重性及处理顾客投诉的效率。

三、金融产品营销渠道成员激励

金融产品提供者应密切关注渠道成员间的合作，采取措施给予激励，以调动渠道成员的积极性和主动性，使渠道成员更好地与金融企业合作，共同致力于金融企业营销目标的实现。金融产品提供者对渠道成员的激励措施一般有物质奖励、精神奖励、人员培训等。

（1）开展各种形式的营业推广和促销活动。金融企业可以通过刊登大量广告介绍金融产品和服务，以帮助中间商吸引目标消费者。

（2）帮助中间商改进经营管理，进行员工培训，提高营销效果。

（3）提供情报。市场情报是开展市场营销活动的重要依据。金融企业应该将所获得的市场信息及时传递给中间商，以使中间商做好准备，更加有针对性地开展营销。

（4）对出色完成营销任务的中间商给予各种折扣、奖金、补助或津贴等。

（5）与中间商结成长期的伙伴关系。金融产品提供者首先研究目标市场上产品开发、市场情报、技术服务等方面的情况，以及金融企业和中间商各自能从对方得到什么；然后根据实际可能出现的情况，与中间商制订具体方案；最后，根据中间商执行方案的情况给予一定的奖励和惩罚。

四、金融产品营销渠道的改进

金融企业在进行金融产品分销时，还应根据金融企业的目标、市场环境、中间商的变化，及时地调整和修改分销渠道，使之适应环境的变化，保持最佳状态。值得注意的是，当调整和修改渠道时，金融企业应慎重从事，权衡利弊，全面综合地考虑得失，才可做出决策，因为渠道的调整或修改，往往容易产生“牵一发而动全身”的效果，宜慎重决断。

当消费者的购买方式发生变化、市场扩大、新的竞争者兴起和创新的分销战略出现以及金融产品进入产品生命周期的下一阶段时，便有必要对金融产品营销的渠道进行改进。

在分析是否应改变营销渠道时，金融企业首先须确定其渠道是否处于均衡状态。所谓渠道均衡状态，是指渠道不会因其任何结构上或功能上的改变而使金融企业的利润出现增减的状态。所谓结构上的改变，是指渠道上某些中间商层次的增加或减少。所谓功能上的改变，是指渠道成员间某项或某几项任务的重新分派。当某一渠道处于非均衡状态时，就需要对渠道进行修正和改进。

(1) 增加或减少某些渠道成员。这种决策通常需要进行直接增量分析，通过分析，要弄清这样一个问题，即增加或减少某些渠道成员后，金融产品的销售将如何变化。

(2) 增加或减少某些市场营销渠道。这种决策需要考虑金融企业所使用的所有市场营销渠道是否仍能有效地将产品送达某一地区或某类顾客。金融企业可针对这种情况，借助损益平衡分析与投资收益率分析，确定增加或减少某些市场营销渠道。

(3) 改进整个市场营销系统。当金融企业现有营销渠道无法保证金融产品和服务的销售；或者虽然能够完成金融产品和服务的销售，但所需成本大大超过所获得的收益时，金融企业应该考虑对整个市场营销系统进行修正和改进。

五、金融产品营销渠道管理

渠道管理的重点就两个字“掌控”。获得忠诚顾客是每一个渠道商追求的目标，然而，怎样才能让你的顾客对你忠诚？唐小飞等 2006 年发表在《营销科学学报》上的文章指出，只有顾客对你产生依赖，只有你做到无法替代，顾客才会对你忠诚。否则，替代品太多，顾客难以做到从一而终。其实，中国古代的思想家《老子》的十二字经，就道出了渠道管理的核心思想：“虚其心，实其腹，弱其智，强其肾。”

任务四　金融产品营销渠道发展趋势

一、传统网点在很长一段时间内将依然存在

在初期的金融产品营销中，分支机构是主要的甚至是唯一的分销渠道，一直担任着让顾客与金融企业有直接接触的营业场所的角色。但随着金融行业政策、信息技术、行业竞争、金融产品创新等各种因素的变化，特别是随着网上银行为代表的电子渠道的发展和银行业务虚拟化程度的逐渐加深，传统的分销机构网点的存在受到了质疑。然而，从 1994—2003 年的十年间，美国在银行数目逐年减少的同时，银行网点却依然持续增大，总数上升了 15%，而这十年，正是网络银行迅猛发展的时期。美国的经验说明，在现阶段和今后

相当长的时期，银行的物理网点仍有着不可替代的作用。

自2000年来，虽然国内的商业银行将大量功能单一、地处偏远的储蓄网点进行了合并和关闭。但却增加了在城市中心繁华商业地段的物理网点，为拥有较多个人资产的白领阶层和富裕人群开展个人理财业务，并设置贵宾接待室或者理财中心，让这些高端客户在舒适和隐秘的房间与专业的财务顾问毫无顾虑地讨论他们的需要。

二、网络的发展为金融产品的分销增添了新渠道

20世纪电子网络系统的发展，带来了金融产品分销渠道的大发展。网上营销、电话营销、电视商场的出现，对传统营销渠道形成了强有力的冲击。未来的金融产品营销渠道将会越来越依赖于电子化渠道。

我国电子银行业务从无到有，从小到大，近年来进入发展快车道。以网上银行、电话银行、手机银行、自助银行、网上证券、网上保险为代表的新型服务方式，为广大用户带来了方便和新的服务体验。

第一，银行传统业务长期以来形成的客户群体为电子银行业务的发展打下了坚实基础。近年来，商业银行利用多层次、全方位营销和主动上门推销等方式，拥有了一批实力雄厚的黄金客户。在全新的服务模式下，银行业务从以柜面服务为主的传统服务渠道向以“机构＋鼠标”的立体式、全方位服务渠道方向全面转型。

第二，商业银行的电子支付工具——银行卡得到大力发展。如今，一卡在手走遍全国甚至走出国门已不再是神话。人民币银联卡继2004年在中国香港、中国澳门实现受理后，2005年在美国、印度尼西亚、菲律宾、越南、德国和法国等国家也实现了受理。2006年又在6个国家开通了受理业务。同时，作为跨行支付清算体系的重要部分，小额支付系统的开通试运行也有望逐步解决困扰银行用户多年的小额跨行转账的问题。

第三，信息安全保障体系初步建立。随着数据大集中模式的转换，银行对信息安全的重要性有了深刻的认识，通过不断加大对信息安全的投入，将信息安全工作放在信息化建设管理的重要位置，初步建立起了金融信息安全保障体系。人民银行建设了中国金融认证机构（Certification Authority，CA）中心，中行、工行、交行都有已运行的认证机构中心。

第四，内部管理走向规范。商业银行在电子银行业务上，推行规范化管理，为电子银行从立项到产品上线运行全过程拟订规范化操作流程，保证了电子银行的安全和畅通。建章建制与技术防范并举，规范业务操作流程，结合审计、财会等部门自律监管的要求，强化了检查与督导。

1. 手机银行

手机银行又称移动银行（Mobile Banking），是指利用移动通信技术和设备来提供各种银行金融服务。随着移动通信网络的成熟，移动商务的需求日益高涨，世界各国都对手机银行的发展寄予了厚望。

目前，在欧洲各国，人们已经可以用手机连接银行卡拨号购买饮料、买票乘坐公共汽

车，由于使用方便且安全程度高而大受欢迎。在日本，I－mode手机银行获得了巨大的成功，成为继电话银行、网络银行之后的第三大支柱性服务模式。而截至2004年3月，韩国手机银行的用户人数已达330万，15个月里增长了3倍。根据Mobile Payments World magazine和Edgar，Dunn & Company 2007年进行的有关手机银行的调查，2006年全球手机支付总额将达到370亿美元。亚洲被认为将是手机银行的领导地区，其次才是西欧和北美。在未来三年内，综合性的查询、账单支付以及金融服务提醒功能将强有力地促进手机银行业务量的增长。

2. 家庭银行

这是一种近几年才发展起来的新型金融服务营销渠道，可使客户足不出户即可办理转账、付款、账户查询、证券股市查询等金融服务。家庭银行的终端系统由客户的个人计算机、电视、电话、打印机等组成，因而个人投资较大，并且需要掌握一定的操作技术。所以目前尚处在发展的初级阶段，但却具有广阔的发展空间。

1995年10月18日，全球第一家纯网上银行——安全第一网络银行（Security First Net—Work Bank，SFNB）在美国诞生，它标志着银行界一个新的革命崛起。1998年5月，全球首家家庭银行由香港中银集团利用香港电讯系统成功推出，成为香港电讯"互动电视"提供的多种增值服务品种之一。该业务推出的头6个月，新开户即达7万多户，是前7年电话银行累积开户数的20.65%，充分显示了家庭银行业务的发展前景。据美国Gartner Group Dataquest公司的一份调查表明：1998年年末，有700万左右的美国家庭通过家用计算机获得银行服务，约占美国家庭总数的7%，到2000年年底，有1500万个家庭使用网上银行，2001年年底，约1830万个家庭，年增长率将达41%（也有的分析家认为增长会比此快一倍）。

三、金融产品营销渠道将向着全球化的方向发展

随着WTO对我国金融市场保护期的完结，国外金融机构开始大举进入我国金融市场，国内金融机构也面临着走出去的挑战。经济全球化、金融自由化以及各国政府逐渐放宽金融监管使得金融产品营销渠道全球化成为必然的发展趋势。

科学技术的不断进步，电脑互联网的应用，使原来国际上一些金融企业巨头的规模和实力不断壮大，开始在国外设立分支机构。

2005年，在中国金融重镇上海、深圳和北京等地相继完成对外资金融机构开放的步骤之后，众多海外银行巨头，纷纷开始致力于开拓内地市场。汇丰、花旗、渣打、荷兰银行纷纷谋划在内地进行市场扩张。在上海，外资在沪金融机构数量已多达75家，资产总额超过380亿美元，已占上海全市银行业金融机构资产总额的12.2%。2006年上海的外资金融机构业务增长明显加快，在人民币业务上更是增长迅速。截至2006年12月底，上海外资银行人民币资产总额达1370.76亿元人民币，同比增长36.57%。

我国的商业银行在向国际化进军方面也表现卓越：中国工商银行以在国外设立代理行的方式进军国际市场，截至2006年第一季度，中国工商银行已经和1205家境外外资银行

建立了总行级代理行关系，并与全球排名前1000位银行中的多数保持着密切业务合作。该行的代理行网络遍布全球6大洲116个国家和地区。随着外管局放松政策的出台，招商银行推出了“境外美元消费，境内人民币还款”政策，真正做到了一卡双币且能在全球通用。

项目小结

金融产品营销渠道指的是金融企业把金融产品和金融服务推向顾客的手段和途径，金融产品从金融企业或其他生产金融产品的机构转移到金融产品最终需求者所经历的通道。金融产品营销渠道从金融产品和服务在传递过程中是否经过中间商来看，可分为直接营销渠道和间接营销渠道两大类。直接销售渠道大体有以下几种类型：分支机构、面对面销售、直邮销售、电视直复销售、电子渠道、信用卡网络、自动柜员机等。银行利用间接渠道进行销售的金融产品主要是信用卡；保险公司的间接销售渠道主要有保险代理人和保险经纪人；证券公司除直接开展一级市场业务和面向散户提供买卖股票的场所及经纪业务外，在二级市场业务中，也通过发展中介商来间接寻求二级市场的投资者；基金公司在建立和销售基金的过程中也大都通过发展中介商的方式开发和服务客户。金融中介商在全面服务于最终客户方面履行着重要的职责，发挥着重要作用。在金融行业中，也存在着批发与零售，但是它们区别于实体产品的批发与零售业务。

银行业的传统渠道策略就是通过分支机构进行银行业务的分销服务。商业银行通过证券公司、基金公司、保险公司等联合开展金融业务，开发的渠道有银证通、银基通和银保通。银行新兴的渠道策略有网络银行、电话银行、手机银行。股票的承销有包销和代销两种方式，发行有公募和私募两种方式。保险的营销渠道中的中介商有保险代理人、保险经纪人、保险公估人。

影响金融产品营销渠道设计的因素有很多，有金融产品的特性、金融企业的自身因素、市场因素和政策性因素等。在进行渠道设计时首先要确定营销渠道的类型，然后要确定营销渠道的长度和宽度。渠道设计应遵循以下原则：安全性原则、经济性原则、一致性原则、适度控制的原则、连续性原则、适度覆盖性原则、合作性原则、便利性原则、易于沟通的原则、灵活性原则。

金融产品营销渠道的管理包括四个方面：协调和解决渠道冲突、渠道评估、渠道成员激励、渠道改进。解决渠道冲突的步骤是发现渠道冲突、评估渠道冲突、处理渠道冲突。处理的方法有五种：解决问题、劝说、协商谈判、仲裁或借助法律、退出该渠道。金融渠道评估包括渠道运行状态评估和服务质量评估。

传统的金融产品营销物理网点仍将存在，但网络的发展会使得金融产品营销渠道向着电子化和全球化的方向发展。

任务检测

一、填空题

1. 金融产品营销渠道的功能：________、________、________、________和________。

2. 从金融产品和服务在传递过程中是否经过中间商来看，金融产品营销渠道可分为________和________两大类。

3. 影响金融产品营销渠道设计的因素有：________、________、________和________等因素。

4. 金融渠道的管理包括________、________、________和________四个方面的管理。

二、单项选择题

1.（　　）不是金融中间商。

A. 中央银行　B. 信托投资公司　C. 证券公司　D. 信用卡持卡人

2. 根据我国银监会现有规定，商业银行设立分行需要拨付营运资金（　　）。

A. 1000 万元　B. 5000 万元　C. 1 亿元　D. 无相关规定

3. 大规模标准化生产的金融产品的分销适用的策略是（　　）。

A. 密集分销策略　B. 独家经销策略　C. 选择性分销策略　D. 联合营销策略

4. 解决同质冲突的方法一般是（　　）。

A. 评估冲突　B. 建立超级目标　C. 保持现状　D. 劝说

三、多项选择题

1. 下列哪种渠道是直接营销渠道（　　）。

A. 分支机构　B. 自动柜员机　C. 保险代理人　D. 直邮销售

2. 商业银行通过与其他金融机构联合开展金融业务，共同销售金融产品和服务的渠道有（　　）。

A. 银证通　B. 银基通　C. 银保通　D. 柜员机（ATM）

3. 要进行金融产品营销渠道的设计，必须（　　）。

A. 了解金融产品的特性　B. 了解金融企业原有的营销渠道

C. 了解当地市场的情况　D. 了解国家相关政策

4. 手机银行可以办理的业务（　　）。

A. 查询账单　B. 乘坐公交车买票

C. 转账　D. 连接银行卡拨号购买饮料

5. 金融产品营销渠道覆盖面的评估内容包括（　　）。

A. 评估渠道成员的数量的多少　B. 渠道成员的分布位置

C. 渠道终端的商圈范围　D. 渠道成员的市场渗透率

6. 一般说来，金融产品营销渠道冲突是一个渐进发展的过程，包括的发展阶段有（　　）。

A. 潜在冲突阶段　B. 感觉冲突阶段　C. 冲突阶段　D. 竞争阶段

四、判断题

1. 国库券的提供者是国家财政部，不是金融机构，所以国库券不是金融产品。（　　）

2. 对购买频率低的金融产品，一般来说需求量也不大，宜采用间接营销渠道。（　　）

3. 就市场特性来看，对选择性不强但消费者要求服务要方便的产品如国库券，则适宜采用较长的渠道。（　　）

4. 竞争和冲突最重要的区别在于是否有干预对方的活动。（　　）

5. 解决金融产品营销渠道冲突的方法之一是退出现有的销售渠道。退出该渠道会导致退出这个业务，换新业务。（　　）

五、简答题

1. 金融企业分销渠道有哪些类型？

2. 银行业有哪些渠道策略可以选择？

3. 金融产品营销渠道设计应遵循哪些原则？

4. 如何处理金融产品营销渠道冲突？如何对金融产品营销渠道进行评估？

5. 金融产品营销渠道有哪几种发展趋势？

实训项目

训练一

【目的】 掌握对某一金融产品进行口头陈述、讲解的基本技能。

【资料】 假设你是中国人寿保险公司的一名新业务员，你的上司让你在一个星期内出单。你了解到，目前市面上对分红型理财保险产品的购买比较热。于是你打定主意要重点推销此类保险理财产品。

【要求】 假设在某一个公开场合，面对某个群体对象，请自行选择某一个保险理财产品，根据该产品的说明，用三分钟时间做一个产品的路演。路演内容主要包括产品的特点、优势等。

训练二

【目的】 能够针对某一金融产品设计简单的推销方案。

【资料】 假设你是中国银行的一名个人理财业务的从业人员，中国银行在 2012 年 1 月要设计发售一银行理财产品：博・弈 BY1201C1M。请为该理财产品设计一份推销方案。

【要求】 能够证券分析推销策略或制定推销策略，使该产品能够迅速打开市场，赢得足够的客户关注，并促进产品的销售。

项目四　金融产品市场推销

学习目标

〔知识目标〕

1. 熟悉推销的职能，并掌握推销各职能之间的关联关系；
2. 熟练掌握推销的程序；
3. 理解推销心理的概念、熟悉推销心理的特征，了解推销中顾客心理和推销员心理；
4. 掌握推销方格理论，并能分析顾客方格和销售方格；
5. 了解寻找顾客的原则和方法，掌握如何对顾客进行资格审查；
6. 理解推销洽谈的原则，掌握推销洽谈的程序；
7. 了解顾客异议的类型、成因以及处理方法；
8. 了解推销绩效评估内容，掌握推销绩效评估的指标体系。

〔技能目标〕

1. 能够按照推销的程序，进行金融产品的推销；
2. 能够根据推销理论，正确分析并解决推销过程中存在或出现的实际问题；
3. 能够识别顾客异议的类型及成因，选择恰当的异议处理方法；
4. 能够对某一具体的推销行为，选择合适的方法进行推销绩效评估。

案例导读

做好拜访前的准备工作

麦克·贝柯具有丰富的产品知识，对客户的需要很了解。在拜访客户以前，麦克总是掌握了客户的一些基本资料。麦克常常以打电话的方式先和客户约定拜访的时间。

星期四下午4点刚过，麦克精神抖擞地走进办公室。他今年35岁，身高6英尺，深蓝色的西装上看不到一丝的皱褶，浑身上下充满朝气。

从上午7点开始，麦克便开始了一天的工作。麦克除了吃饭的时间，始终没有闲过。麦克下午5点半有一个约会。为了利用下午4点至5点半这段时间，麦克便打电话，向客户约定拜访的时间，以便为下星期的推销拜访而预做安排。

打完电话，麦克拿出数十张卡片，卡片上记载着客户的姓名、职业、地址、电话号码资料以及资料的来源。卡片上的客户都是居住在市内东北方的商业区内。

麦克选择客户的标准包括客户的年收入、职业、年龄、生活方式和嗜好。

麦克的客户来源有三种：一是现有的顾客提供的新客户的资料；二是麦克从报刊上的人物报道中收集的资料；一是从职业分类上寻找客户。

在拜访客户以前，麦克一定要先弄清楚客户的姓名。例如，想拜访某公司的执行副总裁，但不知道他的姓名，麦克会打电话到该公司，向总机人员或公关人员请教副总裁的姓名。知道了姓名以后，麦克才进行下一步的推销活动。

麦克拜访客户是有计划的。他把一天当中所要拜访的客户都选定在某一区域之内，这样可以减少来回奔波的时间。根据麦克的经验，利用45分钟的时间做拜访前的电话联系，即可在某一区域内选定足够的客户供一天拜访之用。

资料来源：http：//book. sina. com. cn/new/nzt/vip/60478/40742. html.

请思考：1. 麦克做产品推销前，他拜访客户的关键是什么？

2. 作为一名优秀的金融产品推销员，我们该如何展开推销？

任务一　金融产品市场推销职能与推销程序

随着金融市场的逐步开放，金融企业之间的竞争压力也不断地增大，如何在激烈的金融市场竞争中取胜，已成为许多金融企业面临的难题。作为一名金融市场的产品推销员，首先应具备的是金融商品的推销理念和基本推销理论，进而运用于业务实践。金融机构通过推销活动可以激发客户的需求欲望，扩大金融机构及其产品的影响，达到促进销售的目的。金融产品的推销与其他产品一样，在营销中发挥着告知、劝说和提醒的作用。同样，在金融市场成功推销金融产品，离不开推销的一般职能，并需要遵循一定的程序。

小贴士

作为一名优秀的推销人员必须具备的条件：

◇思想家，你必须能够在观念上领先客户，用观念来指导客户。

◇教育家，要能够引导客户的动机，指导客户的行为。

◇宣传家，要对自己推销的产品有信心，要培养推销自己和产品的勇气。

◇沟通高手，要有能力去说服客户，取得他对你和产品的认可和赞同，并发生购买行为。

一、推销职能

推销是以追求长远利益为目标的，在达到推销产品目的的过程中，帮助顾客解决困难、满足顾客各方面的需要。有效的推销应该发挥推销的多种职能，并协调各要素之间的关系，以顾客为导向，在满足顾客需要的同时实现推销商品的长远目标。它是一种活动，也是一个过程。

在这个过程中，主要是推销的各种职能的集合（如图 4－1 所示）。

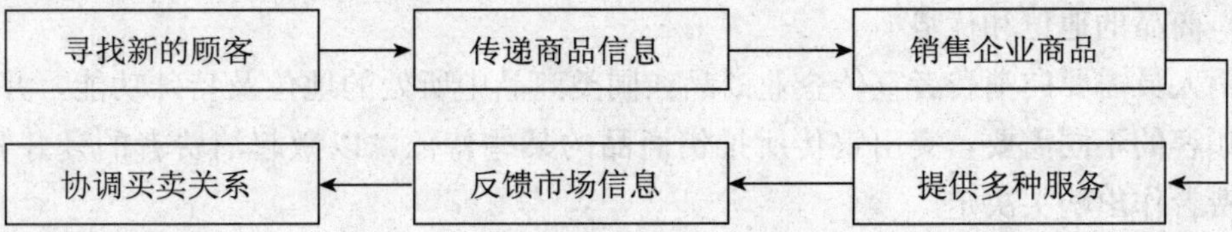

图 4－1　推销职能关系图

1. 寻找新的客户

顾客是企业生命的源泉，企业的发展离不开顾客的参与。为了保证企业持续、稳定、健康发展，必须积极寻找新的顾客，增强企业在市场上的竞争力。

（1）寻找顾客渠道

不同的生产厂商或经销商应拥有各自的顾客来源渠道，这些渠道是多方面的，主要有：自己的公司；通过朋友的交情去找关系；活用各种名录；其他的推销员；与各种团体的协作；利用展示会；随意登门拜访等。推销人员要通过合适的渠道来寻找潜在顾客。

（2）选择顾客标准

推销人员在寻找到许多潜在顾客以后，要对顾客群进行分析，并在此基础上进行筛选，从而寻找最有可能购买的顾客。选择顾客可采取系统筛选方法，即遵循“最佳决策”和“最小搜寻费用”原则，先确定目标顾客的主要取舍标准，由粗到细，把不合适的顾客尽早在搜寻过程中剔除，找出重点顾客，将主要精力集中在重点顾客身上。

（3）建立顾客管理模式

为了提高推销的成功率，需要对重点顾客进行管理。对顾客管理的业务流程分为三个步骤：调查分析、顾客分析和顾客管理（如表 4－1 所示）。

表 4－1　　顾客管理流程

调查分析	顾客分析	顾客管理
1. 公司概况	1. 推销方针	1. 顾客管理
2. 购买状况	2. 决定重点顾客	2. 搜集信息
3. 销售状况	3. 推销活动方针	3. 目标实绩比较
4. 经济状况	4. 设定交易限定额	4. 深入评价

2. 传递商品信息

推销是以顾客为导向，满足消费者对商品信息的需要，因此，需要及时向消费者传递真实和可靠的商品信息。

推销人员需要向顾客传递的商品信息应包括以下几个部分。

(1) 商品的一般信息

推销人员应当告知消费者商品的功效、性能、使用期限、品牌、商标等信息，从而有助于消费者进行比较和选择。

(2) 商品的地位和优势

推销人员需要向消费者宣传企业商品在同类商品中所处的地位及特殊功能，并针对不同重点顾客的不同需要，突出宣传所推销商品的某些特征，以激起消费者的爱好和兴趣，促使消费者作出购买决定。

(3) 商品的发展信息

推销人员可以通过为消费者报道企业产品的发展动态，如新材料的运用、新产品的开发、老产品的改进等信息，引导顾客改变购买习惯，愿意去购买企业的新产品。

(4) 商品的经营信息

推销人员应当适应消费者的需求，将商品的销售价格、经营方式、服务措施等信息及时准确地传递给消费者，以便他们购买商品。

3. 销售企业商品

推销的核心职能是：通过接近顾客、推销洽谈，进而与购买者达成交易，销售企业商品。

(1) 销售商品的前提是接近顾客

推销人员在正式接近顾客之前，应当分析重点顾客的有关资料，了解重点顾客的需求所在及需求特征，掌握其购买力和购买行为，以便积极、能动地刺激需求、创造需求，从而满足顾客需求。在接近顾客的时候，尤其需要用比较有新意的交谈来打开推销局面。交谈时要以正确的态度去说服对方，让对方知道你并不是纯粹地为了卖出商品，你其实也是为他的利益着想，是要去满足他的需求。你通过给他介绍产品，引起他的购买欲望，作出购买决定。

(2) 销售企业商品的关键是推销洽谈

推销过程中最重要的就是推销人员与顾客进行洽谈、交流。推销人员在接近顾客的时候，其实已经与顾客开始了洽谈的第一步。在适当的时候、适当的地点接近顾客是取得顾客好感并保证推销洽谈成功的基础。在洽谈的过程中，要通过信息传递，向顾客提供他所需要的信息，同时也要有针对性地就产品、价格、销售方式等敏感问题进行洽谈，本着互惠互利、共同满意的原则保证双方洽谈的成功。另外，推销人员应当学会处理好洽谈过程中出现的异议和矛盾，消除双方的误会，避免不必要的冲突。

(3) 销售企业商品的手段是达成交易

推销人员的所有努力就是为了达成交易，这也是推销洽谈的最后阶段。这一阶段要求推销人员应该不失时机地促成交易，达到销售企业商品的目的。在与消费者洽谈的过程中，推销人员要对顾客的反映作出灵敏的反应，适时报出商品的价格和一系列的优惠条件及商品的优势，使双方的交易成为可能。

小贴士

推销商品——FDB技术：

FDB就是指特性（Feature）、差异性（Difference）、利益（Benefit），在实际的推销过程中，业务人员必须熟知产品的特性，才能成为产品专家，讲话才有说服力，在谈判时，才能拥有更多的筹码，才能去帮助客户寻找差异性、追求利益。

4. 提供多种服务

推销服务的内容很广泛，按照不同的分类方法，所划分出的服务类别也各有差异。目前常用的分类标准有四种，即服务时间、形式、对象、性质（如表4-2）。

表4-2　推销的类型

类　型	主要内容
服务时间	推销前、推销中、推销后
服务形式	定点服务、巡回服务、免费服务、收费服务
服务对象	对批发商、对零售商、对消费者个人
服务性质	技术性服务、非技术性服务

5. 反馈市场信息

推销是一个双向沟通的过程，表现在推销人员要将有关商品及企业的信息传递给购买者，同时也要将购买者的需求、购买状况、市场竞争状况、产品的使用状况等信息反馈给商家。推销人员作为企业的情报员，向企业反馈的信息主要有以下几个方面：①市场需求信息；②购买者信息；③企业商品经营信息；④竞争者信息。

6. 协调买卖关系

买卖关系的主体是企业和消费者，而推销人员则是连接企业和消费者的纽带。推销人员不仅要把企业商品、经营等信息提供给消费者，还要将与消费者接触过程中获得的信息传递给企业。他们在消费者心中是企业形象的代表，推销人员的一言一行都会对企业的声誉造成影响，因此，推销人员应当在推销的过程中，积极地担当好企业代表这一重任，努力协调好企业与顾客之间的关系，提升企业在消费者心中的形象，使消费者心甘情愿地购买企业的商品。推销人员协调买卖双方的关系可以从以下两个方面入手。

（1）处理顾客异议

顾客产生异议的原因可从两方面来看：顾客方面，可能是因为没有认识到自己的需要，也可能是因为忠于以前的品牌，还可能在于其他顾客的影响等；推销者方面，可能有产品质量、价格等方面的原因，也可能有推销方式、服务等方面的原因。

推销人员应该在认真分析顾客异议产生的原因及异议的内容，本着尊重顾客、永不争辩、维护顾客自尊、强调顾客受益等原则，有针对性地采用有效化解价格异议、货源异议、时机异议等方面的策略，用最快的速度恰当处理并化解顾客异议。

（2）确保商品的有效供给

推销人员积极推销商品，企业生产部门也在不断提高劳动生产率力争可以为消费者提供更多的商品，但是企业不可避免地会出现产品供不应求的状况。在这种情况下，市场上严重缺货，推销人员无货可销时，推销人员要及时平衡双方关系，对顾客要进行安抚，向他们解释缺货的原因，告知企业补救缺货的计划以安定人心；企业可以根据自己的销售经验向企业管理层提出物资分配的建议，将供应不足的货物合理地分配给急需的顾客，尽量减少双方因供需不平衡而产生的矛盾。

二、推销的程序

完整的推销过程包括：寻找潜在顾客、顾客资格审查、约见、接近顾客、推销洽谈、处理顾客异议、达成交易、售后服务、信息反馈等具体步骤（如图 4－2 所示）。

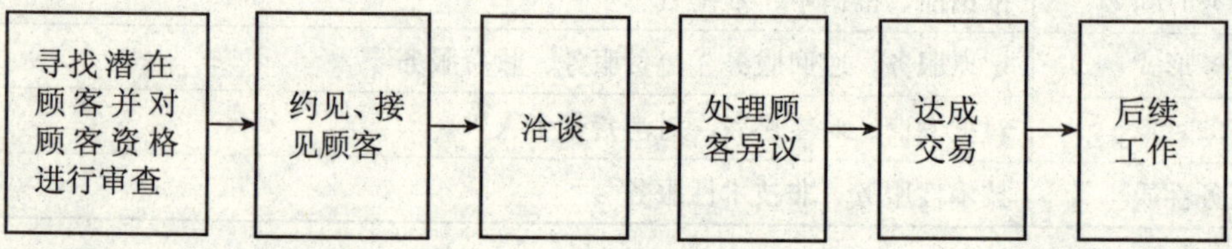

图 4－2　推销过程

三、推销的形式

1. 面谈推销

所谓面谈，即人与人之间面对面的进行交流，包括交流信息、征求意见及相互磋商在内的一种行为。任何经济性的洽谈或谈判，总是要依据既定的方针、原则作为行为规范的准则；而面谈推销重在“推销”，要使面谈双方达成交易协议，“谋求一致”并达到“皆大欢喜”的境界，就必须遵循以下原则。

（1）诚信原则

“人事无信难立，买卖无信难存。”推销应该是诚实的推销，诚实是现代推销人员的起码行为准则，只有诚实才能取信于顾客，并且赢得顾客的青睐。

（2）目的性原则

面谈推销应该有明确的目的，这样才能做到“有的放矢”。

(3) 遵守法律原则

推销人员在面谈推销中及运用其他的推销形式时都应遵守国家的法律法规和政策。如果是涉外的推销谈判，还应当遵守国际法规和尊重对方国家的有关法规。

(4) 关系融洽原则

面谈推销有其自身的特点，并不是每次推销都会有一个圆满的结局，都能促成最后的交易。不好的气氛影响推销结果在现实中是常有的事情，因此推销人员在推销过程中要善于调节气氛，能使双方能在一个融洽的环境里交流，这样双方不容易闹僵，从而为下一次开展面谈推销创造契机。

2. 电话推销

电话推销是一种独立的销售方式，是指推销人员用电话直接向顾客推销商品，这种方法在用以联系距离较远的顾客，或为现有顾客服务方面有一定的优势，因为推销员可以坐在办公室里开展业务，扩大销售，减少出差和旅行方面的费用。

小贴士

电话营销秘诀——瓦解客户心理防线：

◇第一印象最重要：要热诚、信任、亲切、礼貌、尊重

◇迅速建立关系：可通过主管推荐、客户资料等手段

◇掌握关键：只谈重点，鼓舞客户的追求

◇延伸关系：约定时间面谈

◇心理保障：保证，并提出印证

3. 邮政推销

随着经济的发展和产业结构的调整，消费者工作及生活的强度增大了，再加上交通拥挤、商店服务不周到等，人们上街购物的时间越来越少。而接受邮政推销，消费者可以免除交通拥挤、排队等候等不便，而且邮购贸易在时间也比一般交易的限制相对少些。

任务二 推销心理与推销理论

一、推销心理

1. 推销心理的概念

推销心理是指推销活动中客观现实在推销员与顾客头脑中的反映。在推销活动过程中，推销员和顾客对客观现实的反映各不相同，千差万别，从而形成各自不同的心理现

象。把握好这些心理活动的规律和特征，有助于推销员有针对性、创造性地开展推销工作，顺利地完成推销任务，实现企业的经营目标。

2. 推销心理的特征

（1）互动性

推销过程是由推销员和顾客双向沟通协商的过程，彼此的心理是相互影响、相互制约的。各自不同的心理表现，都会给对方的心理带来微妙的影响，并影响着推销结果，故在推销活动中了解推销心理的互动性，对企业和推销员来说非常重要。推销心理的互动性要求推销员在推销工作中要用自己的热情去鼓舞顾客，用自己的知识去说服顾客，用自己的信心去感染顾客，同时能准确地分析和预测顾客各种行为的表现及反馈的心理信息。

（2）趋同性

推销心理的表现千差万别，各不相同，但又是有规律可循的，我们可以从各自不同的推销心理表现中，找出共性的表现，从而找出其内在的规律，即趋同性。推销心理的趋同性要求推销员能够正确运用顾客的共性有效地展开工作。

（3）差异性

推销心理的差异性，主要体现在年龄、性别、文化、宗教、民族和地域等方面的差异。比如在推销活动中，年轻人接受新产品较快，老年人接受新产品较慢，特别是时尚和流行的产品，这种心理差异就更大。推销心理的差异性要求推销员在推销工作中根据具体的顾客来进行推销，并树立“推销无定式”的理念。

（4）不对等性

推销心理的不对等性主要表现在推销员和顾客的信息交流过程中的心理表现的不对等性。虽然推销员与顾客在推销活动中存在互动，但由于个性、环境、时机和观念等差异，彼此的心理表现出不对等性。比如在有科技含量的新商品的推销中，推销员通过各种方式来教育引导顾客，但许多顾客却一时难以接受。

3. 推销心理分类

根据主体的不同，推销心理分为顾客心理和推销员心理。

（1）顾客心理

小贴士

> 要想成功地将手中的金融产品推销出去，就要掌握一般的顾客消费心理，例如银行信用卡客户会追求便利性支付心理；基金客户会追求投资回报率的心理；保险客户追求安全保障的心理；金融衍生品客户追求的是规避风险和保值的心理等。

顾客为满足自己的物质、文化生活需要而进行的购买行为，是以千姿百态的心理活动作为基础的顾客在购买过程中所发生的心理活动，既依存于当时的客观实际，又受大脑神经活动特点的制约，尤其是动机与兴趣、情感和意志等方面，更多地包含着购买者本身的成分。因此，顾客在购买过程中所产生的心理活动，是主观需要与客观条件的统一，是顾客对客观事物和自身需要的综合反映，这种心理活动直接支配着顾客的购买行为，影响着购买的过程，从而形成各种不同的购买行为。

1）顾客购买的心理活动过程。从顾客的需要到购买商品的过程是受各种因素的影响，其心理活动是非常复杂的，但又具有一定的规律性，顾客购买心理活动包括四个过程，即认知过程、情感过程、意志过程和购后感受过程（见图 4－3）。

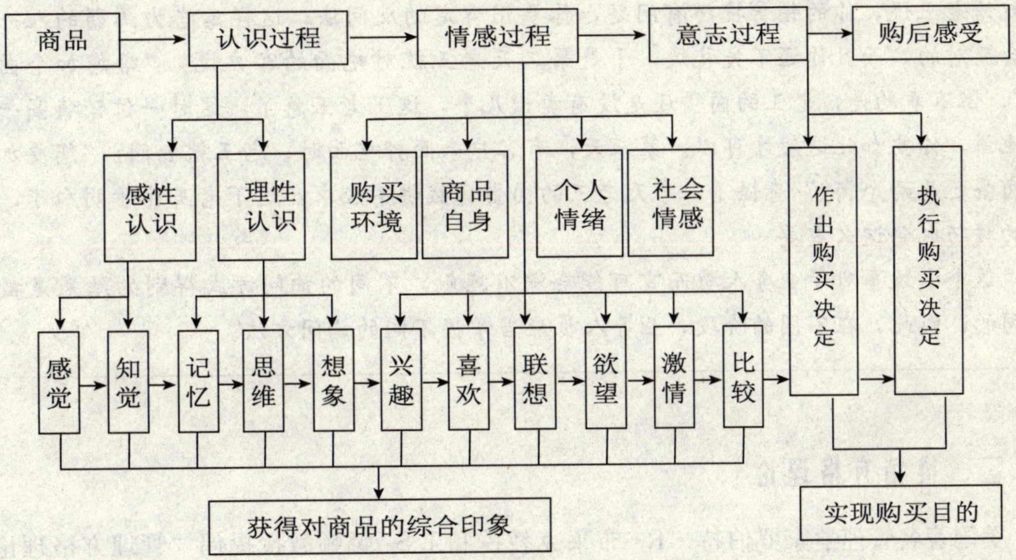

图 4－3　顾客购买心理活动过程

2）顾客的需要与购买动机

产生需要的条件主要有以下三种：生理状况引起需要，外界刺激引起需要，精神的渴求引起需要。

产生动机必须有两个条件，即内在条件（主观需要）和外在条件（外界刺激）。如个体缺乏维持生理需要的要素（衣、食、住、行、医等）或缺乏某种社会心理因素（友谊、荣誉、自尊等）是内在条件；外界的某种刺激，或客观的某种环境条件是外在条件。当以上两个条件同时具备，就会产生购买的动机从而支配购买行为，两者缺一不可。

3）顾客购买行为

顾客购买行为是指顾客个人或家庭为满足日常生活需要而寻找、购买、评价商品和劳务的一切活动。

（2）推销员心理

推销员心理是指推销活动在推销员头脑中的反映。在推销活动中，推销员面对顾客，表现出各种各样的心理活动和现象，特别是渗透着各种推销员的职业心理，对推销工作同样有着非常重要的影响，其与顾客心理共同构成了推销活动双向互动的整体过程。

趣味小故事

卖卤蛋的启示

这天，卖阳春面的老王听取别人的意见决定加卖卤蛋，有客户来吃面的时候，老王就会问："你要不要加个卤蛋啊?"然而基本上没人要，第一天的卤蛋基本没卖出去。有人就给老王说，你的销售技巧有问题，你要用肯定的反问法，这样意志力薄弱的人一般不会反对的，而且你还不失礼貌，于是第二天老王就对吃面的客户说："给您加个卤蛋吧"，但不幸的是，老王的卤蛋还是没有卖出几个，这下老王急了，这时一位销售高手就对他讲，你要如此这般才可以。第三天，有客户来面摊吃面时，老王就会问："您要加一个卤蛋还是两个啊?"奇怪了，今天老王的卤蛋竟然供不应求，这下老王终于明白了，询问的技巧也会这么重要。

这个小故事对于业务人员而言可能会深有感触，不同的询问方式得到的结果是截然不同的，因此，在不同的阶段，业务人员应当掌握不同的询问方法。

二、推销方格理论

美国著名管理学家罗伯特·R. 布莱克教授和J.S. 蒙顿教授提倡"管理方格理论"。他们通过研究推销人员（推销员）和推销对象（顾客）之间的人际关系和买卖关系，建立了"推销方格理论（Sales Grid)"，这是推销学基础理论的重大突破之一。

推销方格理论能有效地帮助推销员清楚地认识自己的推销心态，看到自己存在的问题和不足，同时有助于推销员更为深入地了解顾客，掌握顾客的心理特征；便于推销员进一步加强对推销能力的培养，更好地完成推销工作。推销方格可分为推销员方格和顾客方格，并通过相互关系的组合来判断推销的有效性及揭示其基本规律。

1. 推销员方格理论

根据推销员在推销过程中对买卖成败及与顾客沟通的重视程度之间的差别，将推销员在对待顾客与销售活动的心态划分为不同类型，将这种划分表现在直角坐标系中，即形成了推销方格。

推销方格中横坐标表明推销员对销售的关心程度，纵坐标表明对顾客的关心程度。坐标值越大，表示关心程度越高（见图4-4），图中各个交点代表着不同的推销心态，侧重标明了具有代表性的5种基本心态。

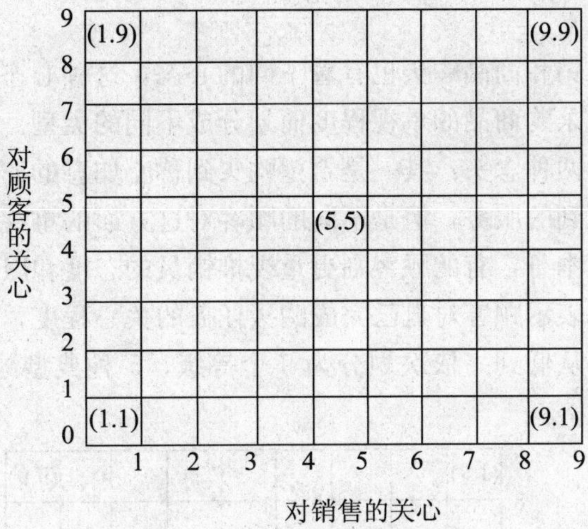

图 4－4　推销方格

（1）无所谓型

如图中（1.1）所示，表明推销员既不关心顾客，也不关心推销任务的心态。具有这种心态的推销员不是合格的推销员，这样的推销员的推销成效也最差。他们抱着“要买就买，不买就拉倒”的无所谓心态，毫无事业心。

（2）顾客导向型

如图中（1.9）所示，这是一种较为极端的心态，忽视了推销活动是由商品交换与人际关系沟通两方面内容结合而成的事实，单纯重视并强调人际关系，对顾客以诚相待，可能成为顾客的良好参谋甚至朋友，他们重视生意不成仁义在，忽视推销技巧，不关心或羞于谈起货币与商品的交换。

（3）推销导向型

如图中（9.1）所示，它与“顾客导向”型恰好相反，持这种心态的推销员侧重单纯关心销售任务与买卖本身，忽视商品交换背后的人际关系沟通，从而走向重买卖、轻人情的另一个极端。为了达到推销的目的，甚至可以败坏职业道德，不择手段地推销商品。

（4）推销技巧导向型

如图中（5.5）所示，这种心态较为折中，既关心销售，又不非常重视推销；既关心与顾客沟通，但不求完全为顾客服务，他们非常重视两者在一定条件下的充分结合。从现代推销理论分析，这种心态对推销不求甚解，可能成为成功的推销员，但却难以创新，不易成为推销专家或取得突破性进展。

（5）解决问题导向型

如图中（9.9）所示，这种心态是推销心态，推销员将投入全力研究推销技巧，关心推销效果，又重视最大限度地解决顾客困难，注意开拓潜在需求和满足顾客需要，在两者结合上保持良好的人际关系，使商品交换与人际关系有机融为一体。

2. 顾客方格理论

不同的顾客对待推销和商品购买也有着不同的心态，这种心态在推销方格理论中，也依据他们对待推销员和采购商品的重视程度而划分成不同的类型。从顾客接受推销时的心理状态看，至少也存在两种念头：其一是希望购买到称心如意的商品；其二是希望得到推销员的诚恳热情而又周到的服务，但是不同的顾客对这方面的重视程度是不同的。有的顾客可能更注重购买商品本身，有的顾客则更重视推销员的态度和服务质量。

顾客方格中横坐标表示顾客对自己完成购买任务的关心程度，纵坐标表示顾客对推销人员的关心程度，也是从低到高依次划分为 9 个等级、5 种典型顾客心态（如图 4-5 所示）。

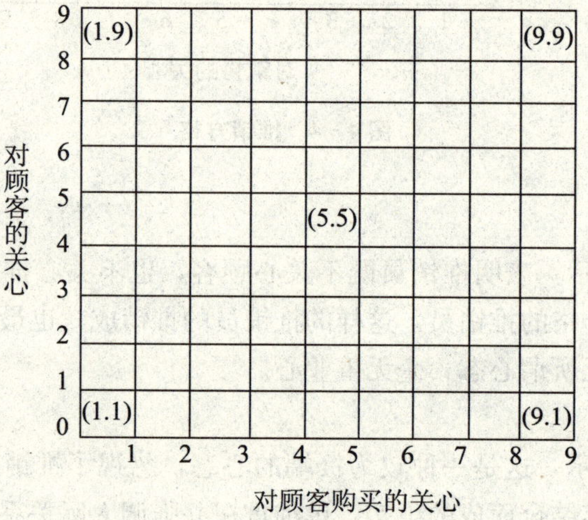

图 4-5 顾客方格

(1) 漠不关心型

如图中（1.1）所示，这种顾客既不关心推销员，也不关心商品购买本身。多数情况下是受人之托而购买，而且不愿意承担责任，往往把购买决策推给别人，而自己愿意做些询问价格或了解情况的事务性工作。对待推销员的态度是尽量躲避，或是敷衍了事。

(2) 软心肠型

如图中（1.9）所示，这种顾客不能有效地处理人情与交易两者的关系，他们更侧重关心推销员对他们的态度。只要推销员对他们热情，表示好感时，便盛情难却，即便是一时还不太需要的商品，也可能购买。这是由于他们对所采购商品本身重视不够，这种顾客较容易被说服。

(3) 防卫型

如图中（9.1）所示，他们对所购买的商品非常重视，百般挑剔，但对推销员本身的态度并不重视。大多不相信推销员的话，任凭你花言巧语，他们只相信自己对商品的判断，甚至对推销员怀有较强的防范心态，怕由此而受骗上当。这种顾客一般比较固执，不易被说服。

(4) 干练型

如图中（5.5）所示，这种顾客采购商品时，既注重商品本身，又注重推销员的态度和服务。他们常常凭借自己的知识和经验来选择商品，对购买决策深思熟虑；同时，他们也愿意听取推销员的经验介绍而选择厂牌和商标。这种顾客一般较为理智，又兼顾感情，但对推销员缺乏诚意的全面合作，一般比较自信，做出购买决策时考虑商品实用性与人际关系的结合。

(5) 寻求答案型

如图中（9.9）所示，其特点是注重推销与商品的完美统一，既关心购买，又明确知道自己的需要；既能和推销员保持良好的关系，又能与其进行真诚合作。在购买之前，已经设计了自己的需要数量和需求标准，在购买中愿意接受推销员的帮助与参谋，而且主动与推销员合作，寻找解决困难的途径，一般不提出无理要求。

三、推销方格与顾客方格的关系

推销过程中推销员与顾客双方心态的有效组合是使推销工作顺利进行的重要条件。作为推销员，即使是既高度关心销售，又对顾客高度负责的“问题解答”者，也并不能保证每次都能顺利完成推销任务。布莱克和蒙顿教授设计了一个简明的有效组合表，初步揭示了推销员和顾客两种心态的组合与推销能否顺利完成的关系及其基本规律（见表 4-3）。

表 4-3　　推销有效组合表

销售方格 / 顾客方格	(1.1)	(1.9)	(5.5)	(9.1)	(9.9)
(1.1)	—	—	0	0	+
(1.9)	—	+	+	+	+
(5.5)	—	0	+	+	+
(9.1)	—	—	—	0	+
(9.9)	—	0	0	0	+

注：表中“＋”表示可以完成销售任务；“—”表示不能完成销售任务；“0”表示处于模糊状态。

任务三　顾客的寻找及其资格审查

一、顾客的寻找

1. 寻找顾客的原则

(1) 根据产品特征确定推销对象的范围

根据产品的特征来确定哪些是可能的顾客，哪些顾客根本不可能购买推销产品。工业品的主要推销对象是使用者、购买者（通常是企业供应科或设备科）、经销商，而消费品的销售主要是针对用户个人和经销商。对电工产品（开关、灯具）你需要拜访的人可能是各装饰公司的负责人、设计院的设计师、各电工电器商店或某栋大楼的业主；保险则几乎是每个有购买力的个人都可能是你的顾客。

（2）设计或选择一个满足你自己公司具体需要的寻求方法

根据企业的定位和目标来确定寻找方法。市场竞争的加剧，使有些企业采取了集中战略，它们把主要注意力和精力都用在一个特定的细分市场。先确定推销对象的范围，再有针对性地寻找顾客，保证一定范围里准顾客的相对集中，从而提高寻找准顾客的效率。

（3）建立准顾客档案

为了进一步挖掘顾客和管理顾客，必须建立准顾客档案。根据顾客的实际情况及变化，对准顾客按一定的规律进行分类，然后列出重点推销对象和访问线路，使销售工作标准化、程序化、规范化，加强销售工作的计划性。

（4）利用各种机会寻找顾客

在实际工作中，寻找顾客的方法是各种各样的，销售人员要注意培养敏锐的观察力和正确的判断力，即养成一种随时随地搜寻准顾客的习惯，眼观六路，耳听八方，不放过任何机会。

2. 寻找顾客的方法

（1）逐户寻访法

逐户寻访法也称“地毯”式访问法、普访法、贸然访问法，是指推销人员在特定的区域或行业内，用上门探访的形式，对估计可能成为顾客的单位、组织、家庭乃至个人无一遗漏地进行访问并确定销售对象的方法。

逐户寻访法的优点以下：

1）能够全面、客观反映顾客的需求情况。推销人员原来不认识顾客，顾客可以坦诚布公地表明自己的真实看法，而且这种方式接触面比较广，推销人员可以听到各方面的意见。

2）有利于扩大推销品的影响，使顾客形成共同的商品印象。

3）有利于争取更多的顾客。

4）可以锻炼和培养推销人员，积累产品推销工作的经验。

逐户寻访法的缺点如下：

1）盲目性较大。如果推销人员过于主观，判断错误，就会浪费大量的时间和精力。

2）由于难以进行充分的推销准备，容易遭到顾客的拒绝，给推销工作带来阻力。

3）这种方式的访问对象之间有较紧密的联系，若一方面失误，就会影响整个推销计划的进行。

总之，推销人员在采取这种方法寻找顾客时，必须做好必要的选择和准备工作，并且要在推销行动开始之后适时调整行动方案。由于这种方法固有的缺陷，推销人员最好能够配合使用其他方法，发挥立体攻势，随机应变，才能得到理想的推销效果。

(2) 连锁介绍法

连锁介绍法也叫无限连锁介绍法、顾客引荐法，是指推销人员请求现有顾客介绍有可能购买产品的潜在顾客的方法。

连锁介绍法的优点：

1) 可避免推销人员主观判断的盲目性。一般情况下，介绍人了解潜在顾客的情况，所获得的信息准确、详细，使销售更有针对性。

2) 利用连锁介绍法寻找顾客，容易取得被介绍顾客或新顾客的信任。经过熟人介绍接触的新顾客，不易产生对推销人员的排斥心理，容易消除心理上的戒备。

3) 利用连锁介绍法寻找新顾客，成功率一般都比较高。现有顾客所推荐的新顾客，一般都是现在顾客新熟悉的个人或单位，并且他们之间往往存在着某种共同的利益。根据这些顾客之间的内在联系而不是根据某些外部特征来寻找顾客，能取得较高的成功率。

连锁介绍法的缺点：

1) 采用连锁介绍法寻找顾客，事先难以制订完整的推销访问计划。通过现有顾客寻找新顾客，由于推销人员根本就不知道现有顾客可能介绍哪些新顾客，事先就难以作出准备和安排，有时不得不在中途改变访问路线，打乱整个访问计划，使得推销人员常常处于被动地位，不利于推销准备。

2) 采用连锁介绍法寻找顾客，现有顾客的心理因素左右其成功。推销人员不能完全寄希望于现有顾客，因为介绍新顾客不是他的义务，是否介绍要受很多其他因素的影响。

(3) 委托助手法

委托助手法也称猎犬法、推销助手法、推销信息员法，是指推销人员委托有关人员帮助寻找顾客的方法。

委托助手法的优点：

1) 提高工作效率。利用推销助手寻找顾客，可以使推销人员把更多的时间和精力花在有效的推销工作上，避免大量的时间浪费。

2) 节省费用。利用推销助手寻找顾客，可以节省大量的推销费用，主要是访问费和差旅费。

3) 信息来源广。利用此法，可能使推销人员掌握更多的及时而适用的推销信息，有利于开拓新的市场。

4) 避免了陌生拜访的压力。利用推销助手寻找顾客，可以借用推销助手的说服力量。

委托助手法的缺点：

1) 难以选择到理想的助手。采用这种方法寻找顾客，最大困难在于确定推销助手的人选。一般要选到一个能很好胜任销售工作的人较困难，他们大多没有经验，未受过训练，因此要找到能胜任此工作的人需要花费一定的时间和精力。

2) 推销人员较被动。推销业绩往往取决于推销助手的能力与推销人员和推销助手的合作与沟通。

3) 有时不利于市场竞争。如果推销人员与推销助手配合不好，或者推销助手同时兼任几家同类产品制造厂家或经营商家的信息员，不仅可能泄露商业秘密，还可能使企业与推销人员陷于不公平的市场竞争中。

(4) 广告开拓法

所谓广告开拓法是指推销人员只是利用广告媒介寻找新顾客的方法。

利用广告开拓法寻找新顾客，关键在于正确地选择广告媒体，其基本原则是：根据推销品的特点考虑广告媒体的阅读对象，最大限度地影响潜在顾客，同时，广告媒体的选择要依据我国的国情。

广告开拓法的优点：

1）利用广告开拓法寻找顾客，可以借助各种现代化手段大规模地发布推销信息。传统的推销方式是靠推销员个人的嗓子和表演技巧，而现代推销人员则可以利用现代的传播媒体。

2）利用广告开拓法寻找顾客，不仅可以寻找顾客，而且可以说服顾客购买。因为广告不仅具有传递信息的功能，而且具有推销说服的功能，甚至有人认为广告就是印在纸上的推销术。

3）利用广告开拓法寻找顾客，还可节省推销费用，降低单位成本。所谓单位推销成本即每个推销对象的访问成本。

4）利用广告开拓法寻找顾客，推销人员处于主动地位，由出门找客变成客找上门，推销对象也容易接受。

广告开拓法的缺点：

1）最大缺点是推销对象的选择性不易掌握。现代广告媒介种类很多，各种媒介影响的对象有所不同，如果媒介选择失误，就会造成极大浪费。

2）广告开拓法的效果不易测定，因此，对其反馈的信息应该进行分析。

(5) 市场咨询法

所谓市场咨询法，是指推销人员利用社会上各种专门的市场咨询服务部门所提供的信息来寻找潜在顾客。

市场咨询法的优点：

1）利用市场咨询法寻找顾客，可以节省推销人员的工作时间和推销费用。由市场咨询业者专门从事市场调查研究工作，利用丰富的推销经验和知识，能够解决推销人员所遇到的实际问题，提供比较可靠的准顾客名单，从而可以节省推销人员的推销时间，全力以赴进行实际推销。

2）利用市场咨询法寻找顾客，推销人员可以充分调动有关人员的积极性，发挥各方面专家的一技之长，取得较好的推销效果。

3）由于咨询部门站在中立的立场，可以提供比较客观的市场信息。

市场咨询法的缺点：

1）利用市场咨询法寻找顾客，使推销人员处于被动地位，如果推销人员完全依靠市场咨询人员提供信息，容易失掉许多推销机会。

2）市场咨询法主要适用于寻找某些选择性较强的准顾客。对于推销普通商品的推销人员来说，尤其是在准顾客的特征容易识别的情况下，最好不使用此法，以节省推销费用。

二、顾客资格审查

在产品推销实践中，并非每一位准顾客都能成为推销人员的目标顾客。从准顾客到目标顾客还需要对其资格进行鉴定、选择，分析其是否具备成为目标顾客的条件。

顾客资格审查是推销人员开展市场调研的重要内容之一，审查的目的在于发现真正的产品推销对象，避免徒劳无功的推销活动，确保将推销工作落到实处。通过顾客资格审查，可以使推销人员节约大量宝贵的时间，也可以提高顾客的订货率和增加顾客的订货量，提高推销人员的工作绩效。

顾客资格审查包括顾客购买力的审查、顾客购买决策权的审查和顾客购买需求的审查。本书重点介绍顾客购买力的审查。

1. 个体顾客购买力的审查

个体顾客的购买能力审查主要是从影响消费者购买力的各种因素，如实际收入、消费支出、消费储蓄与信贷等几个方面进行审查。

消费者收入主要指的是消费者的实际收入，消费者收入的多少决定消费者市场购买水平的高低。消费者收入的可任意支配部分是影响消费需求构成最活跃的经济因素，也是影响高档耐用消费品、旅游等商品销售的主要因素。这部分收入越多，人们的购买力就越强，人们的消费水平也越高，企业的营销机会也就越多。

顾客的购买力除了受消费者收入的影响外，还要受消费者储蓄和信贷因素的直接影响。居民个人收入在一定时期内不可能全部花费掉，总有一部分以银行存款、公债、股票和不动产等形式储存起来，这是一种推迟了的潜在的购买力。当消费者的收入一定时，储蓄数量与现实支出数量是成反比关系的。推销人员必须了解影响居民储蓄的诸多因素和储蓄目的的差异，以便准确地预测消费需求的发展趋势和发展水平，寻找市场机会。

另外，消费者信贷对顾客的购买力影响也很大。有些经济学家认为，各种形式的赊销、分期付款、延期付款是经济增长的主要动力之一，因为它允许人们购买超过自己现实购买力的商品，可以创造更多的就业机会、更多的收入和更多的需求，为企业创造更多的营销机会，从而刺激经济增长。

2. 法人顾客购买力审查

推销人员对法人顾客购买力的审查涉及法人顾客的生产状况、经营状况、资金状况、财务状况、信用状况等方面的内容。这里主要介绍对法人顾客的短期偿债能力和营运能力进行分析，借以评价其财务状况和经营成果，预测未来的经营报酬和风险，为推销人员审查法人顾客购买力提供帮助。

(1) 短期偿债能力分析

短期偿债能力又称支付能力，是企业以其流动资产偿还流动负债的能力，它反映企业偿付日常到期债务的实力。企业能否及时偿还到期的流动负债，是反映企业财务状况好坏的重要标志。企业如果短期偿债能力较弱，供应商将很难甚至无法收回货款。反映企业短期偿债能力的财务指标主要有以下几种。

1）流动比率。流动比率是流动资产与流动负债的比率，即：

流动比率＝流动资产÷流动负债

流动比率表明企业每1元流动负债有多少流动资产作为偿还的担保，反映企业用可在短期内转变为现金的流动资产偿还到期流动负债的能力。一般情况下，流动比率越高，说明企业短期偿债能力越强，债权人的权益有更好的保证，遭受损失的风险越小；反之，如果流动比率过低，则企业短期偿债能力弱，难以偿还到期债务。一般认为2∶1的比例比较理想。

2）速动比率。速动比率是企业速动资产与流动负债的比率，即：

速动比率＝速动资产÷流动负债

速动比率是衡量企业流动资产中可以立即用于偿付流动负债的重要指标，比流动比率更能准确地反映企业的短期偿债能力。一般来说，速动比率越高，企业的短期偿债能力越强；反之则越弱。根据经验，一般认为速动比率1∶1较为合适，企业债务偿还具有安全性。速动比率小于1，表明企业支付能力不足，面临较大的偿债风险；速动比率大于1，说明企业的债务偿还的安全性较高。

3）现金比率。现金比率又称即付比率，是企业现金类资产与流动负债的比率，即：

现金比率＝现金类资产÷流动负债

现金比率是衡量企业即时偿付债务能力的比率，在反映企业短期变现能力方面，可以弥补以上两个指标的不足，能更为稳健地衡量企业的短期偿债能力。一般说来，现金比率在20％以上为好。现金比率越高，说明现金类资产在流动资产中所占比例较大，企业应急能力较强，举债能力较大。

上述三个指标，都能反映企业短期偿债能力。但需要将三个指标结合起来加以综合考察。

（2）营运能力分析

营运能力是指通过企业生产经营资金周转速度的有关指标反映企业资金利用的效率。企业生产经营资金周转的速度越快，表明企业利用资金的效果越好，效率越高，企业短期偿债能力越强。反映企业营运能力的指标主要有：

1）应收账款周转率。应收账款周转率是指企业赊销收入净额与应收账款平均余额之比。这一指标用以测定企业在一定时期内收回赊销账款的能力，反映企业应收账款变现速度的快慢。该比率高，表明收账迅速，资产流动性强，企业短期偿债能力强。

2）存货周转率。存货周转率是一定时期企业的销货成本与存货平均占用额之比。这一指标用以衡量企业存货资金占用情况，并可测定企业的销售状况。在正常情况下，存货周转率越高，相应的周转天数则越少，说明存货资金周转快，资金利用效率高。

任务四　推销洽谈的原则及程序

在与顾客接近之后，推销员的下一个步骤就是如何成功地进行推销洽谈。在整个推销过程中，洽谈是最重要的环节。洽谈的效果如何，最后能否实现交易，往往取决于推销员在洽谈中的表现。

一、推销洽谈的概念

推销洽谈又称面谈，但信息高度发达的现代社会，不一定是指面对面的洽谈。推销洽谈是指推销人员运用各种方式、方法向顾客传递信息、沟通思想，使顾客对商品的兴趣上升到强烈的购买欲望并说服顾客购买推销品的过程，它是一种自愿互利的行为。因此，推销洽谈的目的是推销人员向顾客全面介绍企业及商品情况，使顾客了解商品、认识并喜爱商品，从而产生购买欲望。推销洽谈的手段是说服，推销人员必须借助思维、语言、文字、体态等来传递和交流信息，通过摆事实、讲道理，以理服人的说服活动来实现洽谈的目的。

二、推销洽谈的目标

推销洽谈的核心目标，在于想方设法地激发顾客的购买欲望，从而产生拥有这种商品的感情冲动。为了激起顾客的购买欲望，推销洽谈时必须实现以下目标。

1. 介绍情况，传递信息

推销洽谈的首要目标是向顾客介绍有关推销品的情况，如是什么商品、有什么特点、功能如何、怎样使用、适合什么样的人使用等，向顾客清楚地表达出来，使顾客对商品有明确的认识，这样才能激发顾客的购买欲望。

2. 诱发购买动机，展示顾客利益

购买行为受购买动机支配，推销人员在洽谈中应努力诱发顾客的购买动机，必须了解顾客的基本需要，尽量满足顾客的需求，同时告诉顾客该商品能给顾客带来哪些益处，如生理上的、安全上的、经济利益上的等。

3. 增强注意和兴趣，强化购买欲望

推销人员在洽谈阶段应特别注意自始至终稳住顾客的情绪和兴趣，让顾客有考虑选购的余地，要注意向顾客推销洽谈的内容和方式方法，要多动脑筋，使顾客产生购买行为。

4. 解答问题，处理异议

推销洽谈是推销人员与顾客之间反复双向沟通的过程。洽谈中顾客会提出各种各样的问题或异议，推销员必须解答和处理，从而消除疑虑或异议，促使顾客作出购买的决定。

三、洽谈的原则

推销洽谈与人们的日常交往不一样，不同的推销人员总是采用不同的洽谈方式，以达到不同的洽谈效果。无论采用什么方式，为取得好的洽谈效果，达到推销商品的目的，都要遵循以下原则。

1. 针对性的原则

所谓针对性的原则，是指推销洽谈要服从推销目标，使洽谈具有明确的针对性。洽谈应服从推销的目的，坚持针对性原则，要求推销人员做到以下几点。

1）针对顾客的购买目的和动机开展洽谈。顾客的购买目的在于追求推销品的使用价值，其购买动机多种多样，有求名利的、有求实效的、有求美观的等。在洽谈中，推销人员应就推销品的使用价值及针对顾客的具体行动进行推销。

2）针对顾客的个性心理开展洽谈。顾客的心理千差万别，而顾客个性心理对推销洽谈的影响不容忽视。只有因人而异采用不同的洽谈策略，才有可能取得洽谈的实绩。

3）针对推销品的特点展开。推销人员应根据特定的商品设计洽谈方案，突出产品特色，增强洽谈的说服力，要学会到什么山上唱什么歌，推销与众不同的观念和产品，扬长避短，达到将产品推销出去的目的。

2. 鼓动性的原则

推销洽谈是说服的艺术，也是鼓励的艺术，洽谈成功与否，关键在于推销人员能否有效地说服和鼓励顾客。鼓动性原则是指推销人员要在洽谈中用自己的信心、热情和知识去感染、激励顾客，促使顾客采取购买行动。顾客的购买行为由需求、对商品的感受程度、购买习惯、个人意志等因素促成，这些因素相互影响，相互作用。因此，推销人员在洽谈中应做到：

1）让顾客明白，你所推销的产品正是顾客急需的。

2）让顾客明白，你所推销的产品他购买后可以从中得到各种利益与满足。

3）以自己的信心和热情、知识去鼓舞和感染顾客。推销人员要自信，热爱本职工作，熟悉业务，因为顾客的情绪往往受推销员的影响和感染，推销员以极大的热情、鼓动性的推销语言去感染顾客，以激发其购买热情。

3. 参与性的原则

参与性原则是指推销人员设法鼓励和引导顾客积极参与推销洽谈，促进信息的双向沟通。心理学表明，采用双向沟通比单向沟通方式获得的印象要提高一倍，所以在洽谈中应注意引导顾客多提问、多发言，让顾客亲自操纵推销品，让他尝一尝，用手接触一下，以调动顾客的积极性和主动性，因此，推销员应做到：

1）与顾客同化，消除顾客的戒备心理，使顾客产生认同感，提高洽谈效率。

2）主动引导顾客参与洽谈沟通，提高洽谈的质量和效率。

3）让顾客发表意见，认真聆听顾客讲话。因为认真聆听，能使顾客产生一种心理上的满意感、被尊重感，有利于顾客积极参与洽谈并做出购买决策。

4. 诚实性的原则

以诚待客，是指不欺骗客户而言的。如果推销员用欺骗的行为去推销产品，会有两种后果：一是为了维护客户利益，顾客会运用法律的手段进行起诉，使欺骗者名誉扫地；二是顾客会将上当受骗的事广为传播，俗话说：好事不出门，坏事传千里，在舆论上使骗人者名誉扫地，从而失去顾客的信任。坚持诚实性原则包括以下内容：

1）讲真话。真实地传递商品的信息（包括优点、缺点），以争取顾客的信任并利于顾客在正确分析判断的基础上做出购买决策。

2）卖真货。推销信誉靠卖真货才能树立，而信誉是推销的法宝，以假充真，以劣充优，只会害人害己，为此，推销员应和公司一起严把进货关。

3）出实证。推销人员必须适时地向顾客出示真实可靠的推销证明，包括身份证明、推销品证明，以增强推销洽谈的说服力。

5. 自愿互利的原则

平等互利、自愿让渡是商品交换的基本准则。自愿互利是实现交易的前提，推销洽谈必须遵循这个准则。推销活动中要兼顾买卖双方的利益，不能强迫甚至向对方施压逼迫顾客购买，不能因为眼前的利益而损害了企业长远和整体的利益。

6. 依法经商的原则

四、推销洽谈的基本程序

1. 洽谈的资料准备

“凡事预则立，不预则废。”因此，洽谈前应准备好资料，洽谈中适时地运用资料，可以有效地引起顾客潜在的需求，刺激其购买欲望，改善洽谈条件，活跃气氛，促进洽谈深入，提高洽谈的说服力。洽谈资料包括：

1）实物资料。商品实物及产品模型或录音、录像资料等。

2）文字书面资料。企业的产品目录、产品照片、产品说明书、产品广告文件以及产品获奖证书，用户对产品反馈的意见、产品使用的社会及经济效果等。

3）顾客的情况资料。知彼知己才能百战不殆，顾客的资产情况、信用情况、购货目的等，若是大宗的业务小组洽谈，还要尽可能掌握洽谈者的情况：谁是主谈者，最后由谁决策，其姓名、性别、性格、爱好、年龄、权限等。

4）产品竞争情况的资料。要尽可能地掌握影响洽谈的几个较重要的竞争对手的情况，诸如竞争者的推销人员及其经历、价格和信用政策、推销策略、产品或服务的优缺点、交货日期等方面的情况。

2. 洽谈导入

洽谈导入是在洽谈接近成功之后进入正式洽谈之前的过渡阶段，在此阶段，关键是创造一种适宜而和谐的洽谈气氛。只有在和谐的气氛中，才可能开诚布公坦率地交谈。为此推销人员应该做到以下几点。

（1）注重仪表

整洁美观的仪表易使顾客产生好感，留下良好的第一印象。推销人员的仪表不仅要适合自己的爱好，更要符合客户的要求，顺应社会风尚，力求给人以整洁清爽、风度优雅之感。

（2）讲究礼节

推销人员在与顾客接触时，应给对方留下懂礼貌、有教养、诚实的印象，以利推销。

（3）讲好开场白

建立和谐的气氛需要一定的时间，不能一坐下来就进入实质性的洽谈。开场白最好为轻松的、非业务性的。如谈谈天气变化、向对方表示关心的问候、对方感兴趣的事等。创造出“一致”的感觉，双方也就容易达成协议了，总之，开场白要自然、轻松、适时。

3. 正式洽谈

洽谈引入以后就转入正式洽谈。在洽谈中由于受到多种可控和不可控因素的影响，其进程总是变幻莫测，经常会出现“山重水复疑无路，柳暗花明又一村”的情形，洽谈的结果也很难预测。因此，在这一阶段应注意以下问题。

（1）进一步掌握顾客的基本情况。只有进一步摸清对方的实际情况，才能具体问题具体分析，制定相应的对策。

（2）不断调整原计划的洽谈内容。洽谈应围绕刺激顾客的购买欲望这一目的进行，还要根据洽谈进展的实际情况灵活机动地调整洽谈内容和策略，使洽谈在有利于双方互利合作的基础上进行。

（3）保持和谐的主宾关系。顾客购买商品，不只是购买其使用价值，更希望通过交易获得精神上的愉悦，与卖主成为朋友。因此，洽谈过程中，要双方都满意，始终保持和谐的关系，顾客才能产生购买的意向。

（4）运用语言技巧，强调推销要点。洽谈中的语言应做到清晰、委婉而雄健，因为清晰可以明志，委婉可以陈词，雄健可以服人。要用好礼貌语言、含蓄语言、自嘲语言、体态语言、辅助语言、寒暄语言、幽默语言，要言而有据，示以互利，不卑不亢，用语适当。推销员要以简洁明快的语言强调商品的特性、优点、用途及使用方法，指出与顾客需求的联系性和一致性，让顾客对推销品有一个全面而又重点的了解。

（5）洽谈时间要适可而止。时间就是金钱，时间就是效益。洽谈注重时效性，既要注意节约自己的时间，提高工作效率；也要节约顾客的时间，尊重对方的日程安排，提高洽谈效益。

小贴士

洽谈成功关键因素——6R 技巧：

◇适当的人（Right Man）

◇适当的时机（Right Time）

◇适当的地点（Right Place）

◇适当的产品（Right Product）

◇适当的价格（Right Price）

◇适当的利益（Righr Benefit）

任务五　顾客异议的处理

顾客异议是指顾客对推销的产品、推销人员及推销方式和交易条件产生的怀疑、抱怨，并进而提出否定或反面的意见。由于推销环境、推销时间、推销地点的不同，推销人员所遇到的顾客异议是不尽相同的。因此，我们需要弄清推销过程中经常遇到的顾客异议及其成因，并按照一定的原则和方法进行顾客异议的处理。

一、顾客异议的类型及其成因

1. 需求异议

需求异议是指顾客自以为不需要推销物品而形成的一种反对意见。如顾客说："我的存货已经够多了"，"这东西对我没用"。需求异议是对推销活动的彻底否定，因为连商品都不需要，价格、质量等其他一切就都谈不上了。

产生需求异议的原因有三种：一是虚假的需求异议，即顾客拒绝推销人员及其推销物品的一种借口；二是顾客确实不存在对推销商品的需求；三是顾客存在着对推销商品的需求，但他本身没有意识到。因此，在处理需求异议时首先要分清产生异议的原因。如果是由第二种原因产生的异议，推销人员应停止推销活动。推销人员不能为推销而推销，其主要任务是通过自己的推销活动，帮助顾客解决困难，满足顾客需要，改善顾客的生活和工作条件，若明知顾客没有需求却强行要求他们购买，甚至采用欺骗手段，那是不可取的。这样做既损害了消费者的利益，又损害了自己的信誉。如果属于第一种原因，推销人员则应该通过观察和分析，找出异议产生的真实原因，再说服顾客接受推销。若为第三种原因，推销人员对成交应充满必胜的信心，耐心细致地介绍产品，热情地告诉顾客推销产品能给他带来的益处。

2. 推销员异议

推销人员异议是指顾客拒绝接待某一特定推销人员和拒绝购买他所推销的商品的反对意见。这种异议使推销人员感到尴尬而难以进一步开展商品推销活动，其积极作用是会促进推销人员改进自己的工作。

产生推销人员异议的原因较多，最常见的原因就是推销人员本身工作的过失，引起顾客的反感。异议产生的原因还可能是由推销人员的工作质量不够理想引起的，诸如服务态度不好、不注重推销礼仪、推销信誉不佳、人际关系不良，或顾客与其他推销人员的特殊关系等。

3. 产品异议

产品异议是指顾客认为推销的商品不符合要求，或者认为推销的商品不是他要购买的商品而形成的反对意见。产品异议是对需求异议、推销人员异议的否定。

因产品而产生异议的原因有很多，包括对产品的效用缺乏了解、购买习惯和偏见，或者是中间商对新产品的质量没把握，怕冒风险而不愿经销。产品异议是具有挑战性的，但也是可以克服的。有效的演示和请顾客自己动手亲自操作，可以很快地增强顾客对产品质量和功能的信心，可观的销售实绩可以向顾客说明这种商品在国内外有广大的用户。在克服产品异议时，重点是指出所推销的产品能给顾客带来什么利益。

4. 服务异议

服务异议是指顾客对推销人员或其所代表的企业售后服务不满意，不愿购买其推销的商品所形成的反对意见。售后服务是产品的附加因素，对推销业绩直接产生影响。

5. 价格异议

价格异议是顾客认为推销的商品价格过高而形成的反对意见。讨价还价与商品买卖是同时出现的，价格影响到购进企业的进货成本和利润，影响到消费者的生活费用支出，因此绝大部分顾客会提出价格异议。

顾客认为价格太贵的主要原因有：

(1) 顾客的支付能力有限，他只能选购低价的产品。

(2) 竞争对手类似的产品价格较低。

(3) 顾客爱挑剔，好表现自己，为难推销人员。

(4) 顾客害怕吃亏，想试探价格的虚实。

(5) 顾客以产品价格太高作为拒绝购买的借口。

当推销人员遇到此种异议时，可用中立法去说服顾客，当顾客的感受与你有一定的相似之处时，就比较容易消除顾客的疑虑，使他产生“我买这种产品不会吃亏”的感觉，当他经过你的劝说买回去以后，就会发现他的决定是正确的。

有时，顾客会认为推销品价格太低，从而怀疑产品的质量，在没有正当理由做说明的情况下，顾客产生低价的印象只会加大推销的难度。推销人员应注意避免各种价格矛盾，让顾客首先接受产品的功能、效用和利益，而不是价格。

6. 购买时间异议

购买时间异议指顾客通过拖延时间来拒绝推销或达到其他目的的一种购买异议，即顾客认为购买时间未到。

产生此种异议的原因主要有：顾客对产品缺乏信心，害怕上当受骗，一时拿不定主意，或是顾客一时资金周转有困难，也可能是顾客生性优柔寡断，办事没有主心骨。

7. 财力异议

财力异议是指顾客认为缺乏货币支付能力而提出的购买异议。这属于顾客自身方面的一种常见的购买异议，主要根源于顾客的收入状况和成见心理。一般来说，对于顾客的财务承受能力，推销人员是比较容易了解的，在顾客资格审查和接近准备阶段，推销人员就已经对准顾客的支付能力进行过严格审查，因而在实际推销中能准确辨认真实异议或虚假异议。

二、顾客异议处理的原则

推销异议是多方面的，只有妥善处理各种顾客异议，才能有效地达成交易。下面介绍处理顾客异议的一般原则。

1. 尊重顾客的购买异议

在顾客提出购买异议时，推销人员应当表现出极大的关心和兴趣，要认真听取，让顾客畅所欲言，充分发表意见。即使顾客反复提出某种异议，推销人员也要耐心听取，不得有半点轻视或忽视的表情，更不可打断顾客的发言。这样，当推销人员回答顾客提出的问题时，顾客也会认真听取。

2. 避免与顾客发生争吵

顾客异议是顾客对推销物品、推销人员及其推销行为的不同看法，因而极易引起争论，甚至在顾客与推销人员之间发生极不愉快的争吵。从推销心理学上讲，顾客的购买决策既要受到顾客理智的控制，也要受到顾客情感的影响，而且情感的影响经常占上风。一旦争吵发生了，就表明推销人员的推销工作是失败的，因为争吵的过程也是伤害顾客感情、失去销售机会的过程。

3. 设法破解有关秘密异议

购买异议有公开和秘密之分。公开异议是指顾客用各种方式直接向推销人员提出的各类购买异议，秘密异议则是隐藏在顾客内心深处的有关购买异议。由于某些特定的原因，顾客对推销物品与推销行为的反对意见不愿外露，不愿轻易向推销人员表达出来，这实际上加大了推销人员处理顾客异议的难度。在实际推销工作中，有些顾客一方面明确提出种种无关异议或借口，另一方面又隐藏真实的异议，声东击西，妨碍成交。对于顾客的秘密异议，推销人员的首要工作就是设法破解，通过各种手段把这些秘密异议转化为公开异议，在此基础上，找出异议的真实根源，运用适当的技巧，妥善处理这些异议。

4. 谨防卷入各种无关异议

所谓无关异议，是指顾客在推销过程中所提出的与推销活动本身没有直接联系的各种反对意见。推销人员的主要任务是说服顾客，达成交易，而不应抓住顾客提出的无关异议大做文章。无关异议的根源十分复杂，推销人员完全没有必要去处理那些与推销不大相干的问题，应该尽量回避各种与购买无关的异议。

上述是推销人员处理各种顾客异议的一般原则，依据这些原则，推销人员可以更好地把握处理各种异议的界限和分寸。当然，在实际运用中要注意具体情况具体对待。处理顾客异议，既要讲究原则，更要讲究方法，只有灵活运用最恰当、最有效的处理方法，才能成功地处理好各类顾客异议。

三、顾客异议的处理方法

顾客的异议是多种多样的，处理的办法也千差万别，要因时、因地、因人、因事采取不同的办法。在推销进程中，常见的处理顾客异议的办法有下列几种。

1. 转折处理法

转折处理法，是推销工作的常用办法，即营业员根据相关事实和理由来间接否定顾客的意见。应用这种办法是首先承认顾客的看法有一定道理，也就向顾客作出一定让步，然后再讲出自己的看法。此法一旦使用不当，可能会使顾客提出更多的意见。在使用进程中要尽可能少地使用“但”一词，而实际交谈中却包括“但”的意见，这样效果会更好。只要灵活控制这种办法，就会保持良好的洽谈气氛，为自己的谈话留有余地。

2. 转化处理法

转化处理法，是利用顾客的反对意见自身来处理。顾客的反对意见是有双重属性的，它既是交易的障碍，同时又是一次交易机会。营业员要是能利用其积极因素去抵消其消极因素，未尝不是一件好事。

这种办法是直接利用顾客的反对意见，转化为肯定意见，但应用这种技巧时一定要讲究礼仪，而不能伤害顾客的感情。此法通常不适用于与成交相关的或敏感性的反对意见。

3. 以优补劣法

以优补劣法，又叫补偿法。如果顾客的反对意见的确切中了产品或公司所提供的服务中的缺陷，千万不能够回避或直接否定。明智的办法是肯定相关缺点，然后淡化处理，利用产品的优点来补偿甚至抵消这些缺点。这样有利于使顾客的心理达到一定的平衡，有利于使顾客作出购买决策。

4. 委婉处理法

营业员在没考虑好怎么样答复顾客的反对意见时，不妨先用委婉的语气把对方的反对意见重复一遍，或用自己的话复述一遍，这样能够削弱对方的气势。有时转换一种说法会使问题容易回答得多。但只能减弱而不能改变顾客的看法，否则顾客会认为你歪曲他的意见而产生不满。

5. 合并意见法

合并意见法，是将顾客的几种意见汇总成一个意见，或把顾客的反对意见集中在一个时间讨论。总之，是要起到削弱反对意见对顾客所产生的影响。但要留意不要在一个反对意见上纠缠不清，因为人们的思维有连带性，往往会由一个意见派生出许多反对意见。摆脱的方法，是在回答了顾客的反对意见后马上把话题转移开。

6. 反驳法

反驳法，是指营业员根据事实直接否定顾客异议的处理办法。理论上讲，这种办法应尽可能避免。直接反驳对方容易使气氛僵化而不友好，使顾客产生敌对心理，不利于顾客接纳营业员的意见。但如果顾客的反对意见是产生于对产品的误解，而你手头上的材料能够帮助你说明问题时，你不妨直言不讳。但要留意态度一定要友好而温和，最好是引经据典，这样才有说服力，同时又能够让顾客感到你的信心，从而增强顾客对产品的信心。反驳法也有不足之处，这种办法容易增加顾客的心理压力，弄不好会伤害顾客的自尊心和自信心，不利于推销成交。

7. 冷处理法

对顾客几个不影响成交的反对意见，推销员最好不要反驳，采用不理睬的办法是最佳的。千万不能顾客一有反对意见，就反驳或以其他办法处理，那样就会给顾客造成你总在挑他毛病的印象。当顾客抱怨你的公司或同行时，对这类无关成交的问题，都不予理睬，转而谈你要说的问题。

国外的推销专家认为，在实际推销进程中80%的反对意见都应冷处理。但这种办法也存在不足，不理睬顾客的反对意见，会引起某些顾客的留意，使顾客产生反感。且一些反对意见与顾客购买关系重大，推销员把握不准，不予理睬，有碍成交，甚至失去推销机会。所以，利用这种办法时一定谨慎。

案例分析

客户小王因原贷款银行利率太高拟转贷他行，经由本行存款户告知后由专员亲自访谈。客户职业为家庭美容院理发师，学历不高，年龄已经超过45岁。介绍人除了介绍本行外，另外还介绍了其他银行给借款人。因客户住所距离其他银行较近，且客户与这些以后有存款往来，其他银行的房贷利率报价与本行相同，在此不利情况下，怎样才能避免失败，争取成功呢？

任务六　推销绩效评估

一、推销绩效评估的概念

推销绩效的评估是指企业或推销人员对一定时期内推销工作状况的评定与估价，具体表现为对推销业务的核算。这是企业经营管理过程中不可缺少的重要一环，是提高推销人员推销工作效率的重要手段。推销评估的目的在于分析推销工作及业务的效果，并从中探索规律，总结经验教训，以便进一步改进和制订新的推销计划，进行科学决策。推销评估与推销控制有相近的一面，但两者之间有明显的区别。其相近之处表现在两者都是考察、分析和评估推销工作状况，促进推销工作的一种手段和方法，但两者对推销工作状况的考察、分析和评估的针对性、出发点和落脚点各不相同。推销控制是对企业现行的推销状况而言的，是通过对当前推销工作的考察、分析和评估，从中发现问题，获得信息反馈，及时采取措施，调整和修正企业现行的推销决策与推销策略，以便引导企业的销售活动朝着实现预期目标的方向发展。推销评估则不一样，它是针对推销总体工作效果而言的，是对前期推销工作状况进行全面的考察、分析与评估，从而找出推销工作成功或失败的原因，以利于制定下一段时期的推销目标与策略。它对于提高推销人员的能力、改善推销人员培训方法、提高企业的整个推销活动效果有着直接意义。因此，推销绩效的评估与推销控制不应混为一谈。

二、推销绩效评估的内容

推销绩效评估的具体内容是通过一定的项目或指标系列的核算来实现的。它主要是以价值量（金额）、实物量（数量）和劳动量（时间）为计量单位，进行记录、计算与反映企业销售部门或推销人员推销业务的动态与推销效果。按照不同的划分标准，推销核算的内容可分为很多种类。

（1）按推销业务的核算范围划分，可分为全面核算与单项核算。全面核算，是指对推销的全部业务活动所进行的核算；单项核算，是指对某一方面的业务活动进行记录、计算和反映。

（2）按推销核算的指标划分，可分为销售核算、费用核算、利润核算及劳效核算等。

（3）按推销核算的形态划分，可分为价值核算、数量核算、劳动量核算等。

另外，推销工作绩效还可以通过其他多种数量标准进行衡量，如每日拜访次数、订货量、购买量、销售与拜访次数比、毛利、巡回时间等，这些数量标准都可以定量表示，很容易进行比较。评价绩效也可使用对企业的了解程度、顾客信誉或驱动力等质量标准。有些企业把质量标准汇入数量标准，规定出一些分数，推销员得分越高，其工作绩效越好，但质量标准带有主观意图，不容易评价，往往要借助销售管理者的判断。

当前，我国企业或推销人员的推销评估，主要从数量标准所表现的经济效益方面进行核算、考察和评定。

三、推销绩效评估的指标

企业是一个由多种要素组成的有机整体，推销成果则是这个有机整体运动的表现。推销绩效综合反映了这个有机整体中各环节、各部门的经营活动效果。因此，对推销工作绩效的评估需要抓住能够综合反映推销成果的指标，才能进行全面、科学的评价。

1. 销售量指标

销售量是指企业或推销员在一定时期内实际推销出去的产品数量，它包括合同供货方式和其他供货方式（如现货销售、代销、自销等）售出的产品数量，以及尚未到合同交货期提前交货的预交合同数量。

通过销售量核定，可以分析产品推销计划完成、超额完成或未完成的原因、销售量的升降趋势、市场占有率的变化趋势以及销售量的构成上分析销售品种的变化、新老客户的变化、销售地区的变化、销售对象所属部门或职业类别的变化等，从而为制定新的推销策略及计划提供依据。

2. 销售收入指标

销售收入是销售量的货币表现，是以价值形式反映推销成果的一个指标。进行销售收入指标核算，首先要了解有关产品的价格，再结合销售量统计数据，换算成为销售收入。

计算销售收入，可具体分为计划销售收入、实际销售收入、单位产品销售收入三种，各种销售收入的计算方法如下：

（1）计划销售收入计算公式：

计划销售收入＝计划期产品销售量×单位产品销售价格

（2）实际销售收入计算公式：

实际产品收入=实际售出产品数量×单位产品销售价格

(3) 单位产品的销售收入计算公式:

单位产品销售收入=单位产品销售成本+单位产品销售税金+单位产品销售利润

3. 销售费用指标

销售费用的使用反映企业和推销人员推销活动中活劳动和物化劳动消耗的动态。销售费用指标核算工作，不仅可以促进推销活动的开展，加速资金周转，而且由于销售费用是构成产品全部成本的重要部分，通过核算降低销售费用，同时降低了产品的成本。推销费用的评估常用指标有以下几种。

(1) 产品推销费用率。推销费用率是推销员完成的推销任务与完成这个推销任务所支出的推销费用之间的比例，它反映完成一定推销任务所消耗的资金，其计算公式是:

$$产品推销费用率=\frac{一定时期内的推销}{同时期内的推销额}\times 100\%$$

其中，推销费用主要包括能计入产品销售成本的广告费、印刷费、通信费、代销产出管理费、保管费等。

(2) 推销费用降低率。推销费用降低率是推销员实际支出的推销费用与计划核定的推销费用限额之间的比例。计算公式如下:

$$推销费用降低率=\frac{计划推销费-实际推销费}{计划推销费}\times 100\%$$

或

$$推销费用降低率=\frac{1-实际推销费}{计划推销费}\times 100\%$$

4. 销售利润指标

销售利润的核算是在销售量或销售收入与销售费用基础上，通过对二者的对比分析来反映企业促销业务和经营活动的经济效益。其计算公式为:

销售利润=销售收入-销售成本-销售税金

其中， 销售税金=销售收入×税率

销售利润是推销成果的集中表现，进行销售利润核算，可以根据市场需要，提高销售量，降低销售费用，增加销售利润。

5. 推销劳效指标

推销劳效是指推销员从事产品推销劳动的效率，有绝对指标和相对指标之分。绝对指标有：一定时期推销员完成的产品推销数量；推销员一定时间内访问的客户次数；每次访问征得的订单数目；访问客户所消耗的时间和费用等。相对指标主要有：推销定额完成率、用户访问完成率、推销费用降低率等。

(1) 推销定额完成率。这一指标是推销人员实际完成推销情况与计划或定额推销任务的比较，反映推销人员工作达到预期目标的程度，是一个动态相对指标。计算公式如下:

$$推销定额完成率=\frac{实际完成推销量（额）}{计划推销量（额）或定额推销量（额）}\times 100\%$$

（2）用户访问完成率。这一指标是一定时期内（年或月），推销员实际访问顾客的次数与计划规定的标准访问次数的比例，计算公式为：

$$用户访问完成率=\frac{实际访问用户数}{计划访问用户数}\times 100\%$$

（3）推销员人均推销额。这个指标是衡量销售部门的平均成绩。推销员可以根据此指标，了解平均推销水平，检查自己的推销工作，可以激励推销员提高工作绩效。计算公式为：

$$推销员人均推销额=\frac{一定时期内商品销售总额}{推销员总人数}$$

以上介绍了对推销工作绩效进行评估的几个主要指标及其计算方法，利用这些指标，可以对推销工作绩效作单项或综合的评估。

四、推销绩效评估的方法

推销活动绩效评估的方法很多，可以根据具体的情况和目标，选择不同的方法进行绩效评估。

1. 对比分析法

对比分析法是推销绩效评估最常用的方法，也是最基本的方法，主要有四种情况。

（1）实际与计划对比，主要是用于检验计划完成的情况。计算公式为：

$$计划完成程度=\frac{推销实绩}{推销计划}$$

（2）现在与过去比较，即纵向比较，是本期有关销售指标与上期或某一历史时期的销售指标的对比，可以说明推销状况的趋势。计算公式为：

$$推销发展状况=\frac{其指标限期额}{该指标历史同期额}$$

（3）同行业对比。分为同一地区的相同行业对比和不同地区的同行业对比。

（4）结构对比，即对比某个指标的组成部分占该指标的比重变化。该指标能分析出推销指标或现象的内部构成及其变化趋势。

2. 分组分析法

分组分析法是根据有关推销资料和一定标准，按照同一原则或同质特征把事物整体划分为若干部分，在此基础上分析其状况、特征及动因。该方法能够说明推销工作内部不同层次、不同方面在推销绩效中的地位和作用，其关键问题是合理科学的确定分组原则和标准。

3. 因素分析法

因素分析法，又称连环替代法，它是将分析指标分解为各个可以计量的因素，并根据各个因素之间的依存关系，顺次用各因素的比较值（通常即实际值）替代基准值（通常为标准值或计划值），据以测定各因素对分析指标的影响。

以上介绍了几种推销绩效评估的方法。其他常用的方法也很多，如评价分析法、量本利分析法、综合分析法等，在推销绩效评估工作中需要将多种方法结合起来应用。

项目小结

金融市场推销的职能主要体现了一个过程，这一过程包括寻找新的客户、传递商品信息、销售企业商品、协调买卖关系、反馈市场信息和提供多种服务。

金融市场推销的程序同一般企业推销的程序类似，主要有六个步骤构成：寻找潜在顾客并对顾客的资格进行审查、约见和接近顾客、洽谈业务、处理顾客存在的异议、达成交易，以及推销的后续工作等。在这一完整的过程中，推销员可以根据具体的情况，选择适当的推销形式来推销金融产品和服务，比如采取面谈的形式、电话推销的形式，以及通过邮政来实现推销等。

推销心理是推销活动过程中推销员和顾客各自的心理活动。这一活动具备互动性、趋同性、差异性和不对等性的特征。顾客的心理活动受四个过程的影响：认知过程、情感过程、意志过程和购后感受过程。而推销员的心理则是由顾客的心理决定，同顾客心理形成互动。

推销方格理论主要包括推销员方格理论和顾客方格理论。根据推销员对销售的关心和顾客的关心分离出五种不同心态：无所谓型、顾客导向型、推销导向型、推销技巧型、解决问题导向型；而顾客方格理论，也存在五种心态：漠不关心型、软心肠型、防卫型、干练型、寻求答案型。

顾客的寻找需要遵循一定的原则，采取恰当的方法进行。常用的方法主要有逐户寻访法、连锁介绍法、委托助手法、广告开拓法等，通过寻找潜在的客户并对客户进行资格审查，进一步确定金融机构产品和服务推销的对象。

推销洽谈的原则是有推销的目的或目标决定的，大体上需要遵循针对性、鼓动性、参与性、诚实性、自愿互利性等原则。推销洽谈的基本程序主要包括三个步骤：资料准备、洽谈导入和正式洽谈。

顾客异议的类型主要包括需求异议、推销员异议、产品异议、服务异议、价格异议、购买时间异议和财力异议等，针对不同的异议，根据的异议处理原则，以便采取不同方法进行处理。

推销绩效的评估是企业或推销人员对一定时期内推销工作状况的评定与估价，具体表现为对推销业务的核算。进行绩效评估需要通过一系列的指标，并结合恰当的方法进行。

任务检测

一、填空题

1. 金融市场推销的职能包括________、________、________、________、________和________。

2. 顾客心理受________、________、________、________四个过程的影响。

3. 推销洽谈的基本程序只要包括________、________和________三个步骤。

4. 金融市场推销的程序包括________、________、________、________、________和________。

二、单项选择题

1. 对于理想型的顾客，在销售金融产品时应当（　）。

A. 针锋相对，用完美的口才击败他　　B. 竞争决定他的意志

C. 不断施压　　D. 由他来做最后的选择决定

2. 要成为推销专家，业务人员必须（　）。

A. 了解顾客特征

B. 了解顾客特征和需求

C. 了解顾客需求

D. 了解顾客的人际风格，擅长沟通协作，学会倾听

3. 运用商品的特性销售金融产品时，就是要（　）。

A. 强化自身优势　　B. 弱化弱点

C. 降低缺点的影响，充分发挥优势　　D. 以上都是

4. 生活中的照镜原理，对业务人员销售金融产品的启示是（　）。

A. 人云亦云，跟随顾客的想法

B. 不考虑产品的特性，只需注重顾客的行为暗示

C. 完全按照既定经验教训销售产品

D. 销售时一个互动的过程，积极调动顾客的购买欲望

三、多项选择题

1. 推销人员的基本素质主要包括（　）。

A. 思想素质　B. 文化素质　C. 身体素质　D. 心理素质

2. 推销人员应练就的技能包括（　）。

A. 语言表达　B. 社交　C. 洞察　D. 应变

3. 推销洽谈过程中都要灵活运用多种推销技巧。其主要的特点是（　）。

A. 特定性　B. 灵活性　C. 双向性　D. 互利性　E. 说服性

4. 下列哪一原则不是推销的基本原则（　）。

A. 需求第一　B. 互惠互利　C. 互相让步　D. 说服诱导　E. 鼓动性原则

5. 影响顾客购买的因素主要有（　）。

A. 顾客的知识　B. 顾客的购买能力　C. 顾客的决策能力

D. 顾客的需求和购买欲望　E. 顾客对产品的认识与期望

四、判断题

1. 要想成功推销商品，推销员首先要成功地推销企业。（　）

2. 推销人员需要具有良好的说服诱导能力。（　）

3. 顾客异议产生的原因从根本上说是经济原因。（　）

4. 推销产品主要是推销产品的价值。(　　)

5. 推销的任务是想尽办法把产品卖出去。(　　)

五、简答题

1. 推销的基本程序是怎样的?

2. 分析顾客心理和推销员心理。

3. 为成功推销金融产品和服务,如何对顾客资格进行审查?

4. 推销洽谈遵循怎样的原则?

实训项目

训练一

【目的】掌握对某一金融产品进行口头陈述、讲解的基本技能。

【资料】假设你是中国人寿保险公司的一名新业务员,你的上司让你在一个星期内出单。你了解到,目前市面上对分红型理财保险产品的购买比较热。于是你打定主意要重点推销此类保险理财产品。

【要求】假设在某一个公开场合,面对某个群体对象,请自行选择某一个保险理财产品,根据该产品的说明,用三分钟时间做一个产品的路演。路演内容主要包括产品的特点、优势等。

训练二

【目的】能够针对某一金融产品设计简单的推销方案。

【资料】假设你是中国银行的一名个人理财业务的从业人员,中国银行在 2012 年 1 月要设计发售一银行理财产品:博·弈 BY1201C1M。请为该理财产品设计一份推销方案。

【要求】能够证券分析推销策略或制定推销策略,使该产品能够迅速打开市场,赢得足够的客户关注,并促进产品的销售。

项目五　金融服务营销

学习目标

〔知识目标〕

1. 了解金融服务营销的产生和发展，掌握银行服务营销研究的重点和银行的服务创新；

2. 了解维护客户关系的基本方法与如何强化同客户的合作关系；

3. 了解客户服务中心的职责，掌握服务定制营销；

4. 掌握全面服务质量管理的内涵与特征以及商业银行全面服务质量管理的注意事项。

〔技能目标〕

1. 能够熟练的与客户进行沟通；

2. 维护与客户的合作关系。

案例导读

招商银行的全方位客户服务

招商银行（以下简称招行）在经营过程中贯彻全方位客户服务，注重为客户服务的细节。

招行客户服务部厉朝阳副总经理针对服务细节引入了一个专门的概念——MOT，即关键时刻或真实瞬间、真实感觉。他认为，客户满意度就是有一个个的“MOT”积累形成的，从接触一个事物到做出一个判断就构成了一个MOT。人们在生活中所做出的大量的判断不是基于深刻的认识，而是基于瞬间对事物做出的判断。

招行采取了“点线面”的方式来保证每一瞬间的满意、每一服务领域的满意，从而形成了对整个招商银行的满意。

· 点：重视MOT

走进营业厅，门口摆放着鲜花。胸前挂着“导促员”牌子的工作人员走过来，热情地询问你。然后，你在号码机上拿一个号码，在沙发上坐着休息等着喊话。无聊的话，顺便翻翻沙发旁边报刊架上的报刊，还有水和咖啡供你享用。当你走到柜台前，服务人员会微笑站立为您服务。或许现在已经有许多银行这样做了，但招行最早引起人们关注就是从这样的服务开始的。

营业大厅的服务只是重视MOT的一部分。而当我们打进招行的客服电话时，就会听到一声悦耳的问候："您好，招商银行信用卡中心，很高兴为您服务"，它比起那些有机器冷冰冰地拨号的热线更显人性化，更受客户欢迎，为了能让每一位服务人员百分之百地做到，他们要求客服人员每一个班次上岗前都有一次十五分钟的礼仪训练。

事实上，不管是大厅服务还是热线服务，只要是有可能与客户接触的界面和接触点，如客户来电查询、推广业务和客户访问网站等，都是招行提高服务满意度的着力点。为此他们还提出了"一致性、完整性、稳定性"的要求，对这些业务环节的关键指标进行工作质量和效率控管。

其中客服热线就是他们关注的重要接触点。为此他们专门针对客户服务中心量身定做了20多个指标，定期进行性能测试。这主要包括专注时效性的作业性指标：ACD接听时效（15秒内接通S/L≥85%）、电话挂断率（≤5%）、一线处理率（≥95%）和录音成功率（≥95%）等。除了外部接触点，这套品质确保体系还深入客户内部的接触点。因为他们深知只有银行内部各部门的工作衔接顺畅，才能真正做到高效率地为客户服务。针对内部客户专注满意度的指标包括：电话服务评核、部门抱怨、服务整体满意度和教育训练满意度等。

现实中的服务招行细致入微，网上服务照样也不含糊。虽然不是最早推出网站，但却是第一个实现账务查询、股票投资、网上支付、费用交纳等网上交易功能的银行。根据在北京地区的调查，其网上银行的安全性、开通方便性、操作方便性、资料记录准确及时性和网页速度方面，招商银行的用户评价都居于领先的位置。

· 线："一站式"授权

打热线电话最烦什么？曾经有个相声形象地解释了"三怕"：一怕等待太久，浪费时间；二怕广告插播，推销很多；三怕逐层上报，一拖再拖。那么，招行的"一站式"服务如何避免在整个流程的执行中出现部门推诿和推卸责任呢？

弹性授权。他们首先规定了15秒内接通电话，并通过采取高度的一线查询授权和确立各层级处理客户争议弹性服务的授权，以落实"实时服务"的理念，避免大量问题都需要逐层升级而影像处理效率，大幅度提升了问题的一次性解决率。比如，对临时额度的调整，一线客户服务专员在线即可完成；授权一线服务人员调整客户因第一次没收到账单所产生的循环利息；授权一线客户服务专员有条件处理客户各项手续费用。

二线追踪。一线员工遇到了解决不了的问题怎么办？根据统计，历朝阳先生分析，客服中心大概只有百分之五的问题需要别的部门协助解决。招行开发的CSI系统（客户服务界面）具有强大的二线服务追踪机制，可以确保服务信息不会中途丢失。于是客服中心会把这些问题填表，详细写明问题、客户需求、应何时解决，配合严格的内控机制，使客户的每一项服务的要求都能得到准确及时的回复。另外，在该系统上，前手服务人员会将客户的问题和要求在系统内做特殊的注记，后手（不同）的服务人员接到同一客户的电话时，界面上反映的一清二楚，保证了服务的准确性和连贯性。

整合查询。通常情况下，一个客户的问题会涉及多方面，如果这些问题依靠人工查询也许需要几分钟，甚至十几分钟，那样客户肯定等得不耐烦了。为了提高效率，招行引进开发了CSI系统（客户服务界面），将信用卡中心内部的多个子系统直观地集成在客服专员的操作电脑上，它几乎涵盖了信用卡业务的所有范围，包括申请进度、卡流、调扣、调额、账务、挂失等。这样大部分的问题都能在10秒之内完成，确保“一站式”服务的提供。

技术优化。为了避免拨打热线时泄露密码和广告插播影响客户情绪，招行在开发CTI（电脑电话集成系统）和IVR（自动语音交互系统）时，采取了在客户设定密码的时候设计干扰音；将其语音查询密码和网上银行的查询密码通用；将广告设计为由客户自主决定听还是不听，避免强行插入等措施。

· 面：“全流程”质保

要保证每一瞬间的感觉当然不是很容易的事情，更不能“头痛医头，脚痛医脚”。为此，招行信用卡中心还引入了全流程的品质确保管理机制，建立了一整套追踪服务品质及持续改善的管理体系，对服务全流程和所有工作环节的服务品质都实行监督和控制。

在具体服务项目上，除了一线客服专员直接面对客户外，二线服务组也通过各种措施确保服务的品质。他们会定期访问VIP客户，对新持卡户做拜访问候，对申请注销的客户进行挽留，对申诉案件进行及时的处理，从来电中抽取一定比例进行客户满意度访问，据此评判服务品质，及时提出改进的方向。

最终，招行的客服中心通过了《全国呼叫中心运营绩效标准》（CCCS－OP－2003）的五星级认证，被授予“五星级客户服务中心”称号。这一中国第一的称号经过了长达8个月时间的准备，接受了从领导能力、战略规划与部署、客户价值、绩效衡量与分析、现场管理、人员管理、流程管理、运营绩效结果八个范畴的全面而严格的审核，涉及五大类上百项详细的运营绩效指标。

任务一　金融服务营销的产生和发展

金融企业如何在不断变化的环境条件下保持优胜地位，是摆在金融企业面前的一个首要问题，金融服务营销这一概念由此引入。从发展的历程上看，商业竞争最终回落到服务竞争上来，无法提供新颖的服务企业就无法生存，一般的商业企业是这样，银行也是这样。

金融服务可以这样定义：以经济和金融市场为导向，以满足客户需求为条件，以市场营销为手段，将可赢利的金融产品或服务提供给消费者的一种企业经营管理活动。

我们可以从以下三个方面理解金融服务营销产生的背景和必要性。

一、越来越大的竞争压力

20世纪90年代以来，国际金融领域的市场化程度迅速提高，金融管制有所放松，金融同业竞争越来越激烈。大多数国家的金融市场也演变为买方市场，随着竞争的加剧，行业的平均利润率也下降了许多，金融业在许多国家已经不再是高利润的行业，逐步走向微利时代。同时，全球金融一体化极大地促进了金融服务的竞争，提高了金融交易的数量、质量和多样化。金融业的混业经营也是在这种背景下进行的，在多数金融企业能够提供相同或相似的产品的时候，企业只有能够提供周到的服务才能赢得客户，才能立于不败之地。

二、金融企业客户行为的变化

随着收入的提高和个人财富的增加，客户越来越希望专门的金融机构能够提供理财服务。同时，随着他们金融知识的增加，他们对银行的要求也在提高，这就给以服务为导向的金融企业提供了更多的机会和挑战。金融企业也就将服务确定和瞄准特殊的市场区域。如在一些发达国家，银行经过调查研究，认为中小企业是经济增长的主要动力，因而将主要经历集中于中小企业；还有一些国际银行与大型企业合作，开展业务外包，将自己的财务和现金交给自己可以信赖的银行，银行就找到了新的利润增长领域，在这种客户要求日益变化的情况下，金融企业只有能够提供多样化的服务才能够发展。

三、客户关系的发展

良好的、持续稳定的客户关系是金融企业自下而上发展的重要条件。金融企业必须吸引和保持客户，建立长期，多重的服务关系，满足客户需求。提供多元化周到服务。因此，金融业市场营销在加强客户关系方面的作用变得格外重要。

任务二　金融服务的构成及创新

一、服务业的营销组合

表 5-1　服务业的营销要素及内涵

要　素	内　涵
产品（Product）	质量、范围、品牌名称、水准、保证、服务项目、售后服务
定价（Price）	水准、折扣、佣金、付款条件、质量/定价、差异化
渠道（Channel）	所在地、可获得性、分销渠道、分销范围
促销（Promotion）	广告、人员推销、公共关系
人（People）	人力配备：培训、激励、交际行为、其他顾客、行为、参与程度

服务业的营销要素大致可以分为以上几个方面，服务业要注重在几个方面资源的合理配置，达到自己的经营目标。

二、银行服务营销研究的重点

经过市场细分以后，银行对自己的客户和潜在的客户进行分析，在这个过程中可以确定银行服务营销的研究重点。

（1）哪一种客户是银行在一定时期内利润最佳的客户？

（2）客户对本行与竞争者提供的服务的满意程度如何？

（3）银行现有客户在最近一段时间的变化趋势是什么？

（4）潜在客户的变化趋势是什么？

（5）哪些客户有潜在的需求？

（6）银行如何根据这些需求调整自己的服务方式和方向？

（7）经济、政策、法律、科技环境有哪些改变，银行应该如何去适应这些变化？

三、服务创新

商业银行最具有伸缩性、最能体现出实力水准的是服务。金融产品开发的优势是非常短暂的，仅仅依靠金融产品的创新是很难在竞争中长期取胜的，这就决定了商业银行必须不断进行服务创新，树立服务的整体意识，以客户和市场的需要为导向，运用先进技术、关系营销等综合手段，从硬件的环境到软件的关系、服务、都力求独树一帜，满足客户的要求。

从某种意义上讲，软件比硬件更重要，因此服务创新大可有为。银行的服务创新主要体现在以下几个方面：

1. 全方位客户满意经营思想，真正做到客户在我心中

对银行而言，落实“客户满意”的思想，使客户满意，不仅要满足客户对产品与服务的现实需求，还要满足客户对该产品服务的潜在需求。所谓现实需求，如存款有息或转账结算方便、贷款弥补资金短缺、带来更多的赢利机会等，而潜在的需求指一种期望，如获得贷款的同时可获得银行提供的财务咨询，或显示自己信用度良好，有利于获得更多的资金来源。

2. 现金的支付与信息系统，使客户真正体会到银行服务的全面性

突出表现在银行的支付系统发生了电子化革命。首先，是银行业务电子化，客户无须走进银行的营业网点，也无须直接接触银行的资源，客户看不到它却能感到银行的存在与作用，如电话银行、网上银行、ATM 网络、POS 网络、国际互联网络、自助银行等。其次，金融管理信息系统电子化，即用电脑和通信设备来辅助管理人员搞好经营管理，如资料搜集整理、金融产品与销售设计、风险评估等。

3. 致力于中间业务的开张，用特定的金融中介服务来满足特定需求的客户

由于企业、公司等客户对银行服务的需求日趋多样化，从而为银行中间业务开展提供

了市场基础。项目融资、财务顾问、企业并购和投资咨询、投资中介、风险管理和理财服务等业务逐渐成为商业银行赢得客户、争取更大市场份额、获得最佳经济效益关键和法宝。

4. 社区化服务

如果说销售推广是一种客户上门的被动方法，社区营销则是直面客户、主动出击的积极方式。面对面、家访式的社区营销方式，有利于打消客户对银行服务的猜测和顾虑，培养银行员工与客户的感情，建立相互信任、稳定持久的业务关系。

任务三　银行与客户关系的维护

能向客户提供服务意味着双方合作关系的正式建立。如果要想使这种关系持续下去，就必须不断地加以维护，即对客户的决策、组织机构、业务进展和银行的全部销售努力以及双方的合作进展进行全程监控。另外，现有的客户是最好的广告，能有效地扩大银行的客户源。总之，应像培育客户那样重视客户关系的维护，失去一个客户比获得一个客户更容易。

维护主要是对核心业务的维护，当然必须附之于附加产品及人际关系的维护。维护的目标在于保持和扩大这种合作关系，并建立对银行和客户都有益的长期稳定的合作关系，获得双方合作基础上的最大利益。由于银行的客户很多，银行要注重以下几种类型的客户：对银行服务很满意的客户、业务量很大的客户、合作期限较长的客户及难以打交道的客户。但这并不是说其他的客户不重要，或者是忽略其他客户的需要。

一、维护客户关系的基本方法

1. 追踪制度

追踪工作的目标是保证提高客户使用银行产品的满意程度，维护银行与客户关系的正常化及其稳定和发展，具体策略有：

（1）向客户提供有用的各种信息，包括银行产品的市场信息；有关的宏观经济信息、新的业务机会及对客户有用的其他信息。

（2）提供产品过程中讲求质量、效率，力求让客户满意。

（3）通过电话、书信等途径与客户保持沟通。

（4）随时将银行业务开展及内部管理方面的最新进展告知客户。

（5）在每次追踪活动结束后尽快更新原有的客户记录。

（6）推动客户经理间关于客户服务的交流活动。

（7）对客户的决策者、财务结构、运行状态进行检测，并及时做出反应。

（8）根据客户的日程安排追踪活动。

（9）让客户得到心理上的满足，客户经理应既会做事，也会做人。

2. 电话或邮件维护

电话或邮件维护是最常见和成本最低，同时也是最难将追踪活动转化为值得记忆的体验的一种追踪方式，具体策略有：

（1）在拜访刚刚结束不久就打电话或寄邮件给客户，或表示感谢，或询问一些问题。

（2）强调个性化，如提供一条能引起客户注意并激起兴趣的信息，以便给客户留下深刻印象。

3. 温情追踪

每个人都喜欢别人的感谢，客户经理要让客户知道你感谢他们，最常用的方式就是通过打电话或写短信来表示感谢。温情追踪的要义在于让客户意识到你在感谢他。在表示感谢的时候应特别注意用语。

4. 产品跟进

客观上不存在永远忠诚的客户，只有依靠高质量的产品服务和必要的感情维系，才能保证客户不丢失。具体策略有：

（1）承诺的服务坚决履行到位，如遇到特殊情况导致有的产品服务跟不上，必须主动向客户说明情况，取得客户谅解。

（2）不仅向客户提供协议中规定的产品服务，还应围绕客户的新需求，动用自身及银行所有资源，尽力创造新的金融产品。

5. 扩大销售

扩大销售指的是向现有客户提供另外的银行产品或服务。当银行推出新产品或有新的服务举措时，应及时通报给现有可欢呼。具体策略有：

（1）通过开发那些提高业务一体化和客户便利程度的产品来扩大同客户的合作范围。

（2）了解哪一件新产品适用于该客户。

（3）当某种银行服务获得客户认可后，再适时提出新的服务品种。

6. 维护拜访

维护拜访是对现有客户的再拜访。具体策略有：

（1）拜访前应参考过去的拜访报告、客户卷宗、前次拜访的记录，以分析和评估与客户的现有关系。

（2）维护访问中应注重发现新的问题，因为新问题往往意味着新的机会。

（3）在访问时，应征询客户对使用银行产品的满意程度及对前一时期双方合作的看法。

（4）访问将近结束时，与客户约定下次见面的时间。

（5）加大拜访客户的频率。

7. 机制维护

通过建立银行与客户间的双向沟通机制来维护双方的关系即为机制维护。具体策略是，在做好客户维护服务的同时，应注意做好本银行高层与客户高层的协调、交流工作、由此建立一个双方关系的维护机制。

8. 超值维护

超值维护是向客户提供超出其心理预期的、具有人情味的服务。具体策略有：

(1) 让客户体会到银行所提供服务的文化品位，使其感到与众不同。

(2) 加重对客户的感情投资，在常规的金融维护之外，关注并随时解决客户日常生活中遇到的问题。

(3) 依靠集体的氛围、个人的敬业精神、高超的业务技能、良好的修养与文化素质感召客户。

(4) 开展知识维护，提升服务档次，运用新知识、新产品赢得客户尊重。

(5) 请记清客户的重大节日及主要负责人的生日，到时候应有所表示。

二、强化同客户的合作关系

1. 建立客户名册表，对不同的银行客户实现差别对待

不同客户对银行的意义有所不同，客户经理应根据业务开展情况及客户对银行的重要性来对客户进行重要性排序，并将客户级别进行记录。

2. 善于发现影响客户的征兆，并及时加以修补

银行与客户的关系产生裂痕的征兆主要有：

(1) 业务人员喜欢与客户争辩，而且总想辩赢对方。

(2) 业务人员按照自己的价值观去判断客户且付诸实践。

(3) 征求客户的意见却又不采纳，并被客户知晓。

(4) 多次指出客户的缺点甚至不足，引起客户的反感。

(5) 只讨好对自己有帮助的人，对客户方与其他人员不热情。

(6) 当对自己有帮助的人已无利用价值时，碰面时设法避开。

(7) 不喜欢与自己意见不合的客户碰面及交谈问题。

(8) 业务人员因为自己有事而变更约定时间却不向客户解释道歉。

(9) 客户有困难，但这些问题只要与自己无关系就设法回避。

(10) 为人处世表里不一且为客户发觉。

(11) 同客户见面的间隔时间拉长、次数变少，且对客户变得不热心。

(12) 接到客户的抱怨。

(13) 听到客户已开始与其他银行接触的消息。

3. 掌握银行同客户的业务往来情况

掌握客户关系维护的基本资料，应能及时掌握银行与客户的业务往来情况（见表 5-2）。

表 5 - 2　　银行与客户往来情况表

编号：　　年　月　日

<table>
<tr><td colspan="3">户名：　　是否将基本账户开在本银行：</td></tr>
<tr><td colspan="3">客户级别：　　客户的其他往来银行：</td></tr>
<tr><td rowspan="5">往来账户</td><td>账号</td><td>万元</td></tr>
<tr><td>结算量</td><td>万元</td></tr>
<tr><td>存款量</td><td>万元</td></tr>
<tr><td>贷款量</td><td>万元</td></tr>
<tr><td>本银行账户往来业务量占其整个业务量的比率</td><td>%</td></tr>
<tr><td rowspan="2">贴现</td><td>累计贴现量</td><td>万元</td></tr>
<tr><td>本银行贴现业务占其贴现总量的比重</td><td>%</td></tr>
<tr><td rowspan="4">国际结算</td><td>累计国际结算量</td><td>万美元</td></tr>
<tr><td>其中：结汇</td><td>万美元</td></tr>
<tr><td>售汇</td><td>万美元</td></tr>
<tr><td>本银行国际结算量占其国际结算总量的比重</td><td>%</td></tr>
<tr><td rowspan="3">信用卡</td><td>信用卡平均存款每月余额</td><td>万元</td></tr>
<tr><td>商户 POS 机流水</td><td>万元</td></tr>
<tr><td>本银行信用卡业务占其信用业务总量的比重</td><td>%</td></tr>
<tr><td>其他</td><td>其他业务量</td><td>万元</td></tr>
<tr><td colspan="3">业务量
评价</td></tr>
</table>

建立和了解银行与客户之间来往的记录，对商业银行进一步进展工作很有利，它可以帮助商业银行了解潜在的新客户、大客户，有针对性的开展工作。对以前工作的失误有一个清晰的了解，做好下一步的工作。

4. 提高客户对银行服务的满意度

维护客户关系的一个重要方面是提高客户对银行服务的满意度。当客户的不满意逐步增大时，将会威胁到银行同客户的合作关系。客户的不满意有时不会直接提出来，有时会通过投诉或不再使用银行产品的方式提出来。对第一种情况，银行可通过定期拜访客户的方式对客户的不满进行了解，即通过向客户询问对某项服务的感觉及为什么满意或为什么不满意来获得答案。由于客户一般不愿谈出真实感受，故应讲求询问的方式方法。对第二种情况，必须协调银行内部有关部门对投诉尽快做出恰当反馈。

5. 恰当处理客户的抱怨

客户对银行提出抱怨，表明双方合作关系已经出现明显裂痕。必须对此予以高度重视。客户的抱怨内容以银行对此的处理结果均应填入专门表格中（表 5-3、表 5-4），作为档案备查，也为了保证今后客户不再出现类似抱怨。

表 5-3　　客户抱怨及处理记录卡

客户名称：

<table>
<tr><td>投诉客户名称</td><td></td><td>投诉客户联系方式</td><td></td></tr>
<tr><td>投诉受理日期</td><td></td><td>投诉受理人</td><td></td></tr>
<tr><td>发生时间</td><td>年　月　日</td><td>解决时间</td><td>年　月　日</td></tr>
<tr><td colspan="2">抱怨内容：

对策与结果：</td><td colspan="2">原因及经过：

备考：</td></tr>
<tr><td colspan="4">经手人签字：
年　月　日</td></tr>
</table>

表 5-4　　客户投诉统计表

投诉		客户名称	投诉内容	责任划分	处理方式	客户反映
编号	日期					

在处理客户抱怨、纠纷的过程中及处理完毕后，业务人员都应遵守一些行事准则，主要有：

（1）应让客户产生这样一种感觉：银行在认真对待而不是敷衍客户提出的各种抱怨，并且抓紧对这些抱怨进行事实调查，没有采取不负责任的态度，也为拖延时间。

（2）不要对客户说“责任不在我”一类的话，以“客户总是有理的”作为基本原则。

（3）站在客户的立场上看待客户提出的抱怨。

（4）在证实客户说的话不真实之前，不要轻易下结论，不责备客户总比责备客户好一些。即使责任出自客户的一方，也不可抨击客户及客户责任方的相关责任者，不能对客户表露出不满，应对客户的抱怨采取宽宏大度的态度。

（5）要向客户提供各种方便，尽量做到只要客户有意见，就让他当面倾诉出来，同时善于发现客户一时还没有表现出来的意见和不便提出的问题。

（6）不要向客户做一些不能兑现的保证，也不要做出不切实际的许愿，以免在今后的交往中引发更大的纠纷。

(7) 当客户正在气头上时，要保持冷静，不要再刺激客户以免引发更大的怒气。

(8) 对帮助解决不满与纠纷的相关者表示感谢。感谢不光要表现在口头上，更要落实在行动上。

(9) 事后不对处理决定做出评判性意见，不同意见应在解决之前提出。

(10) 以和过去相同的方式拜访客户，对曾经让自己碰钉子的客户也不要躲避。

(11) 绝对不让同样的抱怨、纠纷问题再次发生。

(12) 将已发生的客户抱怨、纠纷问题做出总结，避免今后在发生类似错误。

(13) 即使事情过去很久也不可掉以轻心，应时刻牢记在心。

(14) 加强对客户的主要决策者、组织机构、管理体制、经营状况和财政状况的动态监控。

6. 强化同客户的合作关系

不仅能被动的处理抱怨，更应主动的强化同客户的关系（见表 5－5）。

表 5－5　客户访问表

客户级别	客户名称	访问频率安排（次/年）	拟拜访人员
核心客户			
重点客户			
一般客户			
目标客户			

案例分析

客户不满意招致的客户报复

2008 年 9 月 5 日，在北京海淀远大路某银行，客户李先生对银行实施报复，分 13 次汇款耗时近 1 小时；然后，他特意新办了一张银行卡，并拿出手里的 99 张 1 元人民币，一张一张递进柜台，让窗口营业员往卡里存，3 个小时后，银行经理出面道歉，他才罢手。该客户自己坦言："这种做法不文明、不道德，但自己就是为了给银行一个教训"。

李先生称，前一天上午 9 点多，他到了银行，领的是 29 号，号码显示他前面有 24 名顾客在等待。当时银行开了 8 个窗口，其中 3 个办理对公业务，5 个办理个人业务，且其中有一个窗口只办理北京地区的个人存款、取款业务。他原以为很快就能轮到自己，没想到有的顾客根本不按号排队，直接到窗口办理业务，银行工作人员也不管。另外，李先生发现，有些顾客在办理基金业务，往往办一笔业务就得半个小时，普通个人客户只能眼巴巴等着。于是，有些气愤的李先生给银行服务热线打电话投诉，没得到任何反馈。随后他又找到银行一位值班经理反映情况，结果该经理扔下一句“不可能”，转身离开。

李先生越想越窝火，才决定“报复”银行。

事件给金融机构的教训是值得深思的，金融机构的投诉和建议制度不应只流于形式，如何及时处理客户的意见，给客户一个满意的答复、改进服务才能提高客户的满意度。

任务四　客户服务系统与服务定制营销

客户服务系统指利用计算机等先到通信系统，将银行的营业柜台前移至客户，客户可以通过该系统向银行提出服务需求、查询服务进展、进行投诉等活动，客户服务系统由客户服务中心及产品部门、法律事务部门、电脑中心、监察部门等与业务有关的部门共同组成。

一、客户服务中心的职责

客户服务中心通过计算机技术与电话语音技术的结合，可为客户提供集中和规范化的服务。它通过与银行业务系统衔接，可为银行客户提供各种金融服务，亦即客户服务中心不单是简单的电话银行，它还能提供比电话银行更多的服务，包括提供业务查询、转账、交易等电子自动化服务以及 24 小时不间断服务。客户服务中心还具有处理银行交易与推销银行服务并重、不断扩大客户范围的功能。

客户服务中心是银行服务手段革新的创举，它使银行从柜台营销、“走出去”营销，转变为运用先进通信手段进行营销，从被动式服务，转变为主动式营销，克服了传统营销辐射半径短、营销成本高、服务时间短、服务质量难把握的缺点，从而成为银行的赢利中心。因此。银行必须建立客户服务中心并逐步扩大其服务职能，概括起来讲，客户服务中心的服务职能主要有：

（1）负责建立、存储、管理客户资料信息数据库。

（2）追踪客户，调查客户对银行产品的适用意见，并将结果反馈给客户经理和领导。

（3）收集客户需求、竞争者等方面的信息，为银行推出新产品提供信息。

（4）接受客户的咨询，并反馈给有关人员和部门。

（5）宣传介绍银行及银行推出的业务产品，解答客户有关疑问。

1）向客户介绍电话银行及其操作使用规程。

2）帮助客户办理电话银行申请、申领手续。

3）调查客户对电话银行的适用程度、意见反馈及故障通报。

4）向客户介绍网上银行及其操作程序。

5）为客户办理网上银行业务的申办手续。

6）向客户介绍汽车银行、ATM 自助银行的使用办法。

7）向客户介绍其他银行业务。

（6）利用电话服务系统为客户提供实时的查询、转账服务，客户可在电话语音的指导下实现自我服务。

（7）指导客户在银行办理业务，解答客户提出的疑难问题。

（8）接受客户的咨询、挂失、投诉与建议。

二、相关部门的职责

产品部门的职责主要是向客户提供具体产品服务、回答客户关于本部门负责产品的咨询、向客户宣传银行产品。法律事务部的职责主要是制定审核与业务有关的合同或协议文本。电脑中心的职责主要是负责有关软件的设计与开发。监察部门的职责主要是受理客户投诉，并向客户反馈处理意见。

三、服务定制营销

什么是服务定制营销?

在早期的市场上，许多生产者为个别顾客定制产品。因为他们不知道他们的顾客需要什么样的产品，所以他们要根据订单来进行生产。

今天，顾客化定制营销成为营销领域竞争的有利工具。在世界范围内，汽车、个人电脑、自行车、家具、服装等行业已经广泛应用。服务定制营销就是根据顾客的特别需要向顾客提供特殊的服务，以满足顾客的需求。在金融国际化和全球经济一体化的大背景下，金融创新日新月异，服务定制营销正好满足了顾客的个性化的要求。银行服务定制营销将客户纳入到产品生产过程之中，与客户相互交流，可以定义出对客户来说最具有价值的产品、服务和信息组合。这种相互依赖与相互影响有助于银行与客户长久关系的形成。

客户走进一家银行，坐在业务部里，就会有一个资深的专家前来为他提供咨询。专家与客户一起商讨，通过电脑终端建立银行业务关系。对客户提出了一系列问题，专家会一一答复，并对客户提出的特殊的问题，专家会给出专门的解决方案。

服务定制营销带来的变化是企业对营销功能的重塑。在过去，银行说服客户相信他们需要的是预先设计好的产品和服务。而在银行服务定制营销的模式下，银行的核心任务是恰好迎合客户的需求。使银行捕捉到良好的市场机会。

大量生产时代，企业的眼中是一个没有差别的同质市场，然而在经济发展到今天，越来越多的是个性化的需求，这就要求企业根据这种个性化的需求生产产品。金融企业也是这样，需要生产个性化的服务产品来服务顾客。银行在服务定制营销中要注意以下几点。

1. 真正把顾客当个体，而不能当成顾客的“平均值”

把顾客当个体，针对每个顾客的要求设计满足其需要的产品，在过去是不可想象的，因为银行没有这样的精力，但随着新技术的发展，满足客户的个性化需求已经变为现实，并成为企业竞争的有力手段。一种初级的做法是把客户当做个体，记录客户的特殊要求和爱好。更进一步的做法是让客户参与设计自己的产品和服务，让客户在确定产品和服务的品种、功能和价格方面充当重要角色。

2. 广泛利用外部资源

那种什么事都能自己做的时代已经过去了。服务定制营销给银行提出了极高的要求，银行虽然能够满足这种要求，但银行完全依靠自己的力量来完成这种要求，还是有点力不从心。在这个过程中，银行要学会利用各种外部资源，来满足顾客的要求。

3. 建立和维护与客户之间的长久关系

服务定制营销被视为为每个客户量身定做产品，这种产品不仅是银行自身的产出，而是包含了客户的设计思想，建立与保持与客户之间长久的联系，有利于银行新产品的开发，为更多的客户提供更多的个性化产品。

任务五 全面服务质量管理

为社会提供优质的金融服务，是商业银行经营的基本要求。服务质量是商业银行信誉的核心，它从一个侧面反映了商业银行整体素质，而高质量的服务是通过科学、严格的管理来实现的。随着大量外资银行进入国内金融业务领域，国有商业银行将面临更加激烈和更加严峻的挑战。因此，加强服务管理，提高服务质量是摆在我国商业银行面前的现实任务。

一、全面服务质量管理的内涵与特征

商业银行的服务就是为公众提供信用中介便利，满足人们金融需求。而服务质量则是指商业银行提供的信用中介便利及其全过程对客户需求满足程度的评价。它和客户对商业银行的预期有关，如果银行向客户提供的服务高于客户的预期，则被认为银行的服务质量比较高，反之，则会被认为服务的质量比较低。

商业银行的全面质量管理是对确定和达到服务质量所必需的全部职能和活动的管理，包括服务质量方针、目标的制定以及所有服务方面的质量策划、质量控制、质量保证和质量改进等活动的组织和实施。服务质量是商业银行利用一系列方法和手段对服务的各个环节和过程按照既定的服务质量标准进行检测、调节控制过程，它是预防产生不满意服务、确保服务质量的必要手段，而不是一种主观的臆测。由于商业银行的服务无专利可言，一种服务或产品推出后，很快就会被竞争者模仿。因此，只有不断地通过创新来改进服务质量才能保证自己的经营特色，保持高质量的服务。

影响商业服务质量的因素很多，它涉及从服务创新设计到最终的消费全过程，要想使服务质量能够稳定持久地提高，商业银行就必须把服务质量的概念从单一的柜台服务质量提升和扩展到全行工作质量的高度和范畴，各部门、各环节、各员工的工作质量将最终决定其服务质量的优劣。商业银行的服务质量管理包括六个环节（如图 5-1 所示），其具有以下特点。

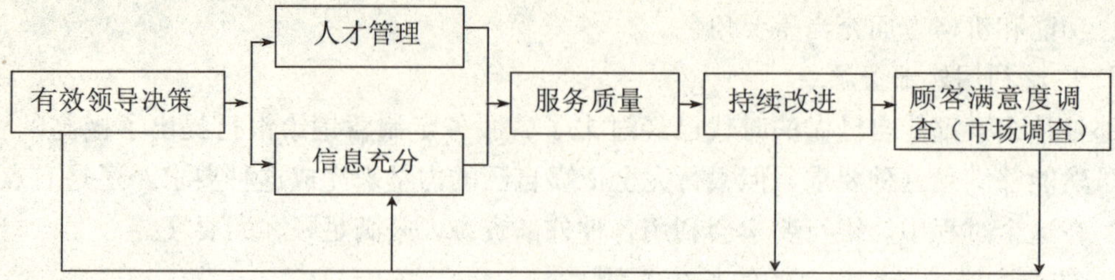

图5-1　全面质量管理的六个环节

从管理的对象上讲，它不仅要管理服务结果的质量，还要管理服务质量赖以形成的所有环节的工作质量；

从管理的范围上讲，它是对服务的全过程进行管理；

从管理的方法上讲，它根据不同情况和营销因素，采取多种多样的管理方法和技术。

商业银行的服务质量管理是一项整体性管理、系统性管理和综合性管理。这是由商业银行服务的本质决定的。

二、商业银行全面服务质量管理的注意事项

商业银行全面服务的最终受众是客户，最终要让客户认知，只有客户的感觉才是衡量商业银行服务优劣的标准。客户满意了，银行的服务就到位了，客户不满意，则商业银行的服务就有缺陷。为此，我国商业银行的抓服务质量管理中，除了运用现代管理方法和技术外，还应当借鉴国际上先进的管理经验，积极导入国际标准化组织颁布的质量管理和质量保证体系，按照规范化、现代化管理要求提升自己的信誉和形象。这就要求我国的商业银行提高内部各环节、各岗位的工作质量，并对其进行零缺陷控制。

但从实践来看，再成功的商业银行也会碰到挑剔的客户，更何况想把服务质量做到尽善尽美几乎是不可能的，有些投诉实际上是银行与客户之间的一种沟通方式或渠道。问题在于，一旦出现这种情况，银行应立即采取补救措施，努力把不满意的服务质量所造成的负面影响或损失减低到最小限度。这种补救措施应该是积极的、主动的、全力以赴的，全身心地面对和解决所出现的问题是客户不会再次失望。

为了避免一些不必要的纠纷和投诉，向客户承诺服务质量时，必须实事求是，切不可为了竞争，为了争取客户而夸大其标准，承诺了实际上不可能做到或虽做到但不能做好的服务。否则就会导致客户的不满意。

银行向客户提供服务的过程就是客户享受服务的过程，两者是不可分离的，这就决定了银行的服务人员的一举一动与银行提供的服务质量息息相关。由于各个客户对服务的要求不一，所以要求银行的服务人员具有较高的应变能力，带有热心和爱心工作，努力控制自己的情绪，尽力使客户对与银行员工的每一次接触都感到满意。

要有一套行之有效的激励机制。要使客户对银行的服务满意，首先要使员工对银行满

意，员工对银行的满意程度将直接影响到客户对银行的满意度。所以银行对员工也要像对客户一样关心，要实行以人为本的管理方式，支持和鼓励员工做好工作，培养员工对银行的忠诚和责任感。还要让员工参与银行的服务质量的管理决策，这更有利于调动员工的积极性。

金融机构服务运作过程质量控制的全过程，如图 5－2 所示。

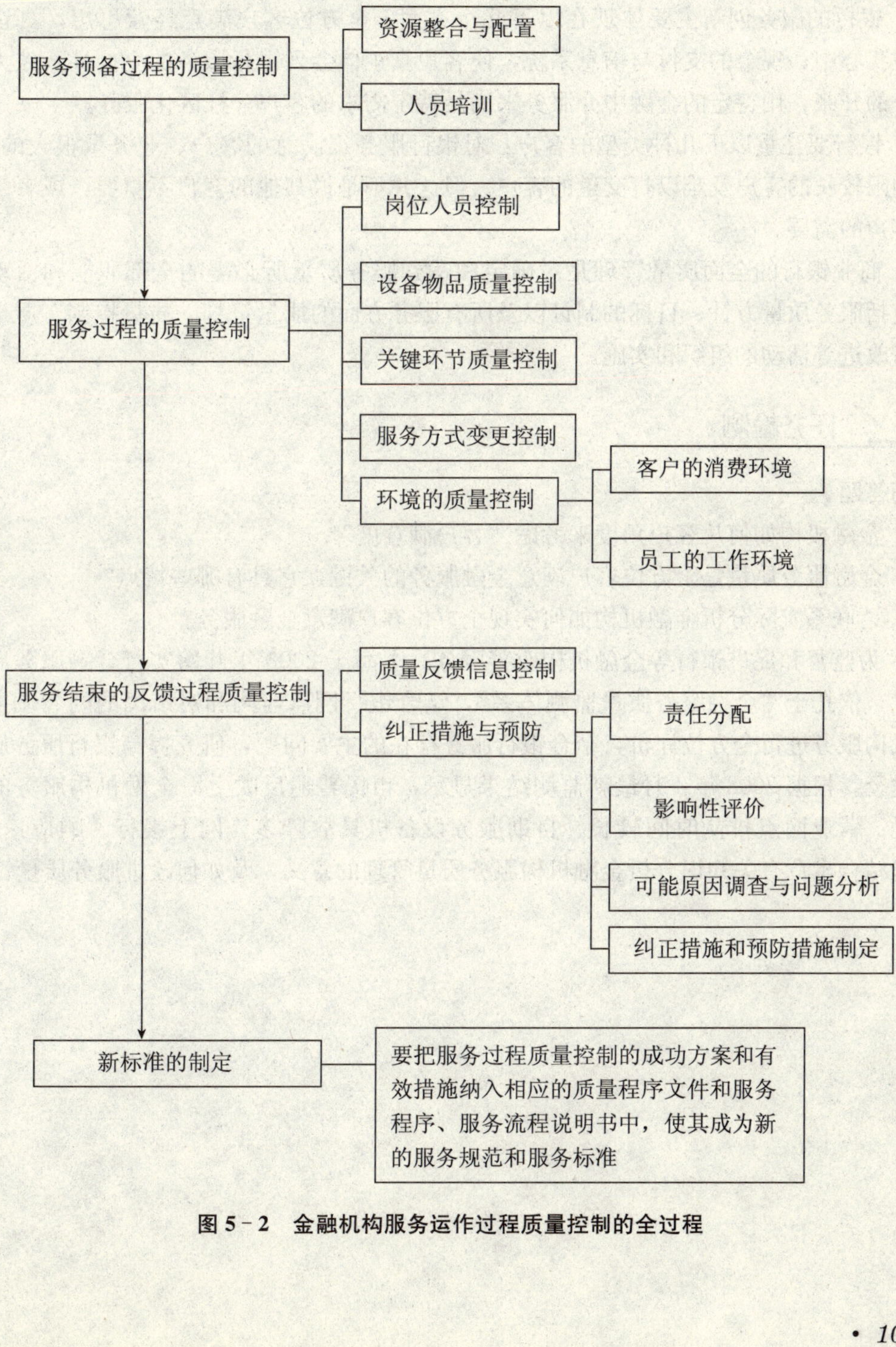

图 5－2　金融机构服务运作过程质量控制的全过程

项目小结

1. 金融服务可以这样定义：以经济和金融市场为导向，以满足客户需求为条件，以市场营销为手段，将可赢利的金融产品或服务提供给消费者的一种企业经营管理活动。

2. 银行的服务创新主要体现在以下几个方面：全方位客户满意经营思想，真正做到客户在我心中；现金的支付与信息系统，使客户真正体会到银行服务的全面性；致力于中间业务的开张，用特定的金融中介服务来满足特定需求的客户；社区化服务。

3. 银行要注重以下几种类型的客户：对银行服务很满意的客户、业务量很大的客户、合作期限较长的客户及难以打交道的客户。但这并不是说其他的客户不重要，或者是忽略其他客户的需要。

4. 商业银行的全面质量管理是对确定和达到服务质量所必需的全部职能和活动的管理，包括服务质量方针、目标的制订以及所有服务方面的质量策划、质量控制、质量保证和质量改进等活动的组织和实施。

任务检测

简答题

1. 金融机构如何从客户角度来考虑“客户满意度”?

2. 金融服务质量是全方位客户满意金融服务的关键，它具有哪些特点?

3. 请联系实际分析金融机构如何实现全方位客户满意金融服务?

4. 为监督和促进银行等金融机构改善服务，上海于 2008 年开始实行金融服务质量监测制度，依托于“金融服务质量监测体系”，结合银行网点监测和对市民的问卷调查，对金融机构服务进行全方位评价，结合银行服务存在的主要问题，研究提高银行服务质量的有效途径。根据 2008 年 4 月最新监测结果显示，市民普遍反映上海金融机构服务的共性问题是：营业网点排队时间较长、自助服务设备机具故障多、网上银行“响应速度慢”等。请结合本章有关知识分析金融机构服务质量管理的意义，及如何改进服务质量管理。

项目六 金融企业的广告策略

学习目标

〔知识目标〕

1. 了解金融企业广告使用的变化;
2. 了解金融企业使用的广告媒体的情况;
3. 了解金融企业广告效果的测定办法。

〔技能目标〕

1. 掌握金融企业广告的特点和种类;
2. 掌握金融企业对广告的需要;
3. 层次以及金融企业对广告媒体的选择。

案例导读

创立于1812年6月的纽约城市银行是花旗银行（Citibank）的前身。1865年根据美国政府颁布的国民银行法，改名为纽约国民城市银行，是美国的金融中心之一，华尔街最老的银行之一。1998年10月，花旗银行与旅行者集团合并成功，组成了世界上最大的金融机构——花旗集团（Citigroup）。同时也开辟了把所有金融产品集于一身的金融界前所未有的多元化发展模式，市场资本总额达到了1兆美元，工作人员达到了27万人之多。其业绩也是蒸蒸日上，经历了200年的发展，花旗银行从一个小银行起身，一路经过无数次的生死锤炼与蜕变，成为银行业的巨人，花旗银行是一个不折不扣的银行帝国。

花旗是怎样成为最大的信用卡发行者，又怎样维持行业领先地位？除了一些坚定地理念外，更取决于它的整合营销策略。花旗银行的整合营销传播提供了一个战略平台，在台面上可以展开银行所有的基本活动。并且在以客户为导向的战略指导下，进行营销与销售的整合，强化营销导向。它利用各种营销渠道，在电视、印刷、户外、街头等广告媒体上以及包装、促销、营销等事件与推广等渠道上进行协调、整合。目标客户接受不同的营销传播信息，比如：广告、直接邮寄、电话咨询等方式，与此同时，他们还受到品牌的影响以及来自朋友的建议。花旗银行开始定义新的或者广义的传播概念，重新界定传播营销范围。它考虑更加广泛而不是局限于传统的功能性广告活动，销售促进、直接营销等，它综合使用了新闻宣传、广告、公关等传播手段，相对集中的传播信息。一般用户能够从新闻报道，特别是在广告立体（平面、电视、户外）轰炸中潜移默化地与花旗银行联系在一起。比如有名的“长尾巴”，强调花旗银行信用卡失卡免风险的广告。整合营销传播广告发挥着先导作用。

花旗银行整合营销传播内容实践和程序与外部传播相一致。不论以什么形式，广告从业人员应被视为营销部门的得力助手，他们提出的想法不仅支持促销策略，还支持营销组合的其他要素。银行内部的各小组的经理人员将本组织所有的传播活动整合在一起，从而使其变成一个有凝聚力的整体。正是通过这些人员，整合营销传播才被规划出来并得以执行。这些小组也将外部资源和内部能力结合在一起，以获取最大化的结果。

请思考：广告在花旗银行的整合营销中所起的作用。

任务一　广告概述

一、广告媒体概况

金融企业选择广告媒体取决于以下几个因素：第一，广告预算；第二，宣传对象的特点和规模；第三，广告的类型，形象广告还是产品广告。适用于金融企业广告的渠道或媒体可以归纳为以下几种。

1. 电视

其优点在于综合了视觉和听觉，富有感染力，能引起高度注意，触及面广，有利于金融企业的形象塑造，通过生动的场景描述可以更好地说明金融产品的功能、引起客户对金融产品的兴趣。其不足之处在于成本高、干扰多、瞬间即逝，观众选择性少。因此，市场细分性强的产品，如投资产品不适宜采用电视广告。对于一些复杂金融产品，要播发一段冗长的内容复杂的说明也是难以达到良好效果的。随着电视的影响扩大和金融企业更多地运用有创意的广告以及公众对金融服务重要性认识的提高，电视广告在金融界广告预算中的比例逐年提高。英国在20世纪70年代初，银行的电视广告支出仅占其广告预算的4%，而在20世纪80年代以后，这一数字已达到50%左右。

2. 广播

其优点是宣传的地域和人口覆盖面广、成本低，属于大众化宣传，其缺点在于只有声音，不如电视那样引人注意，展露瞬间即逝。广播的这些局限性难以为抽象的金融服务提供直观而又引人入胜的的宣传。因此，金融企业在利用广播方面尝试很少。

3. 广告牌

其特点是设立广告牌的位置始终不变，通常在一定时期内其宣传内容也很少改动。由于位置固定，其宣传的客户也是同一类客户，如飞机场内的广告牌的宣传对象便是乘坐飞机的人群。国内金融企业在广告牌宣传方面很积极。其宣传内容主要是企业名称宣传和服务内容宣传，偶尔也是某一产品宣传的广告牌，如信用卡之类的。广告的重复性十分重要，广告本身便具有这种特征，因此广告牌的画面设计十分重要，广告用语也必须简明易记。如在某城市中能保持广告牌风格的相似性则可提高宣传的效果。

4. 报刊

报纸尤其是其中的金融版，是最有选择性的。每种报纸都有自己的读者范围和自己的编辑特点。彩色报纸的出现更加突出其作为媒介的作用。报纸的优势在于金融企业可以根据不同的产品情况和促销目的，制作各种类型的广告，即使是一种复杂的金融产品，也可以在报刊广告中刊登一段复杂和详细的说明文字。在为金融企业下属分支机构和网点提供促销支援时，也可以将每个分销渠道的情况列于其后。杂志尤其是专业杂志也是金融企业选择较多的媒体之一，其可信性和权威性很符合金融企业的形象。其局限性主要在于读者范围较窄。广告成本与读者数量之间不相称。报刊媒体的可信性以及其人口选择性是金融企业刊登促销广告的理想选择。

5. 直接邮寄

这种方式有较大的选择性，其中包括邮寄品的形式设计、内容安排和宣传对象。直接邮寄是一种目标导向型宣传工具，可对特定细分市场进行宣传，尤其是在宣传金融企业特有的服务项目时，更有一种廉价而有效的向个人促销的办法。在向原有的客户提供新产品时，更有其特殊意义。在新产品推出的初期，邮寄方式既可以起到短期保密作用，以防止在大面积推广前招来模仿者；又可以让老顾客首先了解推出新产品的信息，优先享用新产品，也是对老顾客忠诚的报答。随着越来越多的人成为金融企业的客户以及金融企业数据库的建立，金融企业更关心的是为客户提供更多的服务。直邮方式的作用越来越大。

6. 其他方式

传单、手册、说明书和服务指南等广告宣传品，也是金融企业推广业务，尤其是宣传内容复杂的创新产品的一种重要方式。随着印刷和设计水平的提高，这类广告媒体的制作水平也相应提高。成为金融“零售”业务的主要宣传手段。

二、广告媒体的选择

选择合适的广告媒体，是提高广告效果，发挥广告促销作用的重要保证。广告媒体种类繁多，各有不同的特点和长处，企业要正确选择广告媒体，需考虑以下影响广告媒体使用效果的因素。

1. 企业对信息传播的要求

包括频率、效果即到达目标听众、观众和读者的时间等要求。例如，若企业要求一天出现几次的广告，只能选用广播、电视、互联网等，而间断一段时间出现广告，则可以选用报纸、广播和电视等。

表 6-1 各种媒体对照比较表

媒 体	优 点	缺 点
电视	市场覆盖面大，生动形象，富有感染力，能引起高度重视。适合银行形象的塑造和金融产品功能的描述	干扰多，成本高，观众选择性少，不适合于市场细分和功能复杂的金融产品
广播	大众化宣传，覆盖面广，地理和人口方面的选择性强，成本低。银行广告较少采用此种媒体	只有声音，不生动，表现手法单一，非规范性收费，瞬间即逝。难以为抽象的金融服务提供直观而又引人入胜的宣传
户外广告	位置固定，目标受众稳定，展露时间长，费用低，竞争少，较多用于银行名称和服务内容的宣传	内容单一，容量有限，观众没有选择，缺乏创新。画面设计十分重要，广告用语必须简明易记
报纸	灵活，及时，可信度高，本地市场覆盖广，能广泛被接受。适合于较复杂的金融产品的宣传	保存性差，复制质量低，传阅者少
互联网	覆盖面广，成本低，内容详尽，版面灵活	干扰多，较难引起上网者的注意
杂志	地理、人口可选择性强，可信度高，有一定的权威性，复制率高，保存期长	有些发行数是无效的，版面无保证
直接邮寄	导向性和选择性强，成本低，效果好，适合于对特写细分市场的宣传。在新产品推出时起到短期保密，防止竞争者模仿的作用。人情味重。适合银行批发业务的宣传	相对来说成本较高，可能造成滥寄“三等邮件”的印象，不适宜大范围的宣传

2. 产品的性质

不同类型的金融产品有着不同的促销特点和不同的顾客群。例如，债券等证券类产品，考虑到顾客的分散性，阅读信息的反复性，有关规定的严格性，适宜选用报纸、杂志等媒体。

3. 消费者接触媒体的习惯

不同的广告媒体会把广告信息传给不同的消费者，消费者对媒体的选择有各自的标准，所以企业选择广告媒体时应与目标市场消费者接触广告媒体的习惯相一致，使之能准确、迅速地将广告信息传达到目标消费者。

4. 广告媒体的传播效果

媒体的传播效果是指媒体传播的范围和影响力的大小。不同媒体的传播效果不同，企业选用媒体时，应从广告媒体的传播范围、影响力等多方面进行衡量。尽量取效果好的、声誉高的媒体。

5. 媒体成本和企业的支付能力

不同的广告媒体，收费标准不同；同一媒体，经营单位不同或登出时间、登出版面不同，收费标准也就不一样。一般来讲，媒体覆盖面广，黄金时间播出的广告费用高，地方性媒体或非黄金时间播出的广告费用低。企业要考虑广告费用和自己的支付能力来选择广告媒体。

此外，企业选择广告媒体还要受广告法规的制约。

三、金融企业的广告发展

在20世纪五六十年代，西方银行偶尔也登一下广告，规模很小，而且主要是宣传银行的作用，介绍银行的业务状况，采用的是非专业化的方法，广告开支在业务宣传费中占了很小的比例。那时的金融界有两句口头禅可以表明对广告作用的认识，“要澄清一讲宣传就登广告的模糊认识”，“要花最少的钱获得最大的经济和社会效益”，言下之意是公共宣传费用少，效果却很大，完全忽视了广告作为一种宣传手段的特殊价值。

1. 金融企业广告宣传的原因

20世纪七八十年代以来，从国际上看，金融企业采用大胆的广告宣传手段，主要基于以下几个原因。

(1) 各种金融企业的成立，彼此竞争越来越激烈。

(2) 计算机技术的应用使金融业务步入一个新的时代，新产品的不断出现，需要运用广告手段迅速、准确、全面地传达给顾客和潜在的顾客。

(3) 金融零售业（个人客户业务）在金融业中的地位日益增强，一般而言，金融“批发”业务、公司客户更多的依赖人员推销和公共关系活动，而金融零售市场则需要通过宣传媒介大做广告来争夺客户。

(4) 金融企业之间在设点、价格和营业时间等方面的竞争作用相对下降，竞争的焦点已集中到服务质量和服务差距方面，这就更需要通过广告手段，广而告之。

(5) 自动存取款机（ATM）网络和销售点自动付款机（EFTPOS）网络的建立和发展，需要强有力的广告来促销这些分销点的业务。

2. 广告策略阶段

从国外金融企业运用广告工具的情况来看，由于它们自身的形象和业务发展特点，其所采取的广告策略在不同时期也有所不同，大体可分为三个阶段。

(1) 以宣传企业声誉，强调实力为主的阶段。

由于银行、证券和保险公司的形象不是很好，在欧美等国，银行金融不善而倒闭的现象时有发生。因此，这一阶段，金融企业的广告是以名誉为基础，强调金融企业的实力，意在客户心目中输入“能得到安全的保证”的印象。

(2) 以宣传金融产品和服务项目为主要内容的阶段。

由于金融企业在提供的金融产品和服务范围上差别不大，金融产品往往难以形成品牌，客户难以区分各家金融企业服务质量，从而无法区分各家企业的特色。随着在20世纪70年代开始的西方金融界的金融创新，金融企业为争夺竞争优势，纷纷开发新金融产品，推出新服务项目，因此，第二阶段金融广告内容和活动倾向于宣传金融企业提供的新的或重要的或优势的服务项目。它的基本诀窍是以提供某种专有的或被称为专有的服务项目作为区分某一金融企业的区分标志。

(3) 以宣传金融企业整体形象为主要内容的阶段。

经过上述两个阶段以后，金融企业发现这也仅仅是涉及广告的皮毛。金融企业向公众做广告宣传目的应该是为了向社会推出一个强有力的、全能的和能够提供各种服务项目的企业形象，而上面两类广告内容和方式并不能为金融企业创造出全新的形象。因此，许多金融企业改变了广告策略，通过广告，主要是为了树立企业形象，使自己更富有人情味，点燃客户想去访问企业的欲望。

在国内，金融企业目前在广告策略上主要停留在第一阶段。譬如，为分支网络的开业典礼或搬迁，或者为银行存款突破多少亿元做广告。中国银行在存款突破一千亿元时，曾在电视上播放的一则广告，其创意和效果均能激发起客户对中国银行的信任和产生亲切感，由于播放时间太短，难以达到应有的效果。

四、金融企业广告的特点

由于金融企业所提供的产品大多属于服务性的产品，具有无形性的特点。服务是行为，而非物体，是抽象的，而且金融企业所提供的产品类似程度很高，客户从金融企业那里希望得到的不仅是忠告，而且是安全和理解，因此金融企业广告促销的重点要放在激发客户的欲望，要注重宣传企业的信誉，以事例来赢得客户的信赖；宣传本企业的新产品和新服务，以此来突出本企业的特点和优势；强调企业的形象，以赢得更高的信誉。为此金融企业的广告促销要把握一下几个要点。

1. 对员工做广告

由于顾客所要购买的金融产品是由人表现出来的，只有员工与顾客互动才能更好地满足顾客的需要。因此，金融广告的对象不仅是客户，不只是鼓励客户购买产品与服务，而且应把企业的职工作为第二受众，激励员工去表现、去提供高质量的服务。为此，金融企业在做广告时可充分利用自己企业的职工以达到内外互动的效果。

2. 提供有形的线索

金融产品广告应尽可能使用有形线索（如展示本企业的员工，展示提供服务的场所、设备设施等）来作为提示，尽量结合一些可触知的物体来冲销金融产品的无形特征，才能增强促销努力的效果。例如某保险公司的广告："买了保险，您在保护神手中了"、"买了保险，您就在一把大伞下"，"手"、"伞"都是象征保护的可触知的物体，用它们来帮助顾客理解保险提供的保户不可触知的内容。

3. 使用明确而不含混的信息

金融广告的最大难题在于要用简单的文字和图形，传达所提供的产品的领域、深度、质量和水准，有些金融产品广告，可以使用图像或符号来协助广告信息，但有些产品如银行的投资理财产品则必须给予详尽的解释。但这样做，很有可能会形成冗长啰唆的广告而影响广告的效果。因此，必须注意运用简单精练的言辞、图像，贴切地把握金融金融产品的内涵的丰富性和多样性。

4. 强调利益

能引起注意的有影响力的广告，应当强调顾客购买使用产品所得到的利益而不是强调一些技术性细节。强调利益才符合营销观念。当然所强调的利益应与顾客寻求的利益一致。为此，广告中所使用的利益诉求，必须建立在充分明确了解顾客需要的基础上，以确保广告的最大有利影响效果。

5. 只允诺和提供顾客能得到的

金融企业所提出的允诺应当务实，不应提出让顾客产生过度期望而企业无法达到的允诺。金融企业必须实现广告中的诺言，才能取信于顾客。但由于金融业服务性成分很高，其服务表现往往会因服务递送者的不同而各异，因此金融业有必要使用一种可以确保表现的最一致标准的方法，即只允诺最起码的服务标准。这样既不会让顾客产生过度的期望，又不会造成对员工不当的压力。如果员工能做得比此标准更好，顾客通常会更高兴。

6. 在产品生产过程中争取并维持顾客的合作

在金融产品服务中，营销者面临两项挑战：第一，如何争取并维持顾客对该产品的购买；第二，如何在产品生产过程获取并保持顾客的配合与合作。这是由于顾客本身在许多金融产品的生产和表现中，扮演相当积极的角色，因此，应使用广告构思周到，具有能在金融产品生产过程中争取到和维持顾客的配合与合作的效果。

7. 建立口传沟通

口传沟通是一项营销者所不能支配的资源，对于金融业企业和金融产品的购买选择有较大的影响，金融产品的潜在购买者对口碑宣传总是很敏感，在选择一项金融产品时，潜在顾客总是到处打听已经有过经验体会的其他人的看法如何，通过朋友的推荐而选择。因此，金融广告必须努力建立这一沟通形态，可使用的具体方法有：

（1）说服满意的顾客，让其他的人也都知道他们的满意；

（2）制作一些资料供顾客转送给其他的潜在顾客；

（3）进行直接广告宣传活动；

（4）激励潜在顾客去找现有的顾客谈谈，以增强对金融产品的了解。

8. 解决购买后的疑虑

作为消费者，经常都会对购买行为的合理性产生事后的疑虑。对于实体产品，消费者可以通过对实物客体的评估解除疑虑，但对于服务性产品则不能如此。因此，在金融产品营销中，必须在对买主保证其购买选择的合理性方面下更多的工夫，并且应该鼓励顾客将服务购买和使用后的利益，转告给其他人，而广告是为达到此目的的一种手段。不过，最好也是最有效的方式是在购买的过程中，消费者与金融企业人员接触时，得到热情体贴、周到适宜的服务。这时人员销售方式就显得非常重要。

五、金融企业广告的种类

金融广告有多种类型，且不同的标准可将金融广告分为不同的类型。一般来讲，金融广告有以下分类。

1. 以客户来区分金融广告

以此标准可将金融广告分为两种：一种是针对现有客户的广告；另一种是针对潜在的或未来的客户的广告。

2. 以企业目标来区分金融广告

以此为标准可将广告分为长期目标和短期目标两种。为长期目标服务的广告是以企业形象为主；为短期目标服务的广告是以产品为主。企业形象广告又可分为两个方面：一方面是把企业形象作为一个整体来宣传，目标是使客户在心目中对企业产生深刻的印象，并相信企业能为其提供最佳服务。另一方面是在宣传企业提供的产品或服务时，将重点放在提高企业的声誉上。金融产品广告的目标主要是让公众熟悉企业的名称，同时向公众宣传企业所提供的产品和服务。

六、金融产品广告设计的原则

(1) 真实性。广告的生命在于真实。一方面广告的内容要真实（语言文字、画面、艺术手法得当）是《中华人民共和国广告法》的基本要求。另一方面，广告主与广告商品也必须是真实的，如果广告主根本不生产或经营广告中宣传的商品，甚至于广告主是虚构的单位，那么广告肯定是不真实的。金融企业应根据真实性原则设计广告，这也是一种商业道德和社会责任。金融企业推广广告的真实性受到中国银监会等主管部门的监督。

(2) 社会性。广告是一种信息传递。在传播经济信息的同时也传播了一定的思想意识，其必然会潜移默化地影响社会文化、社会风气。广告不仅是一种促销形式，也是一种具有鲜明思想的社会意识形态。所以，金融产品广告的设计要贴近老百姓的要求，有利于高尚文化思想的传播。

(3) 针对性。广告的内容和形式要富有针对性，即对不同的商品、不同的目标市场要有不同的内容，采取不同的表现手法。广告的设计要针对产品的目标客户群，这也是广告效率的体现。如美国北方信托银行的广告标题是："Trust Northern，I do and should too"（请信赖北方信托，我做你所需要的）。广告语切合银行本身，同时又体现了真实的服务意识。

(4) 艺术性。广告是一门科学，也是一门艺术。广告把真实性、思想性、针对性寓于艺术性之中，要求广告设计者要构思新颖，语言生动、有趣、诙谐，图像美观大方、色彩鲜艳和谐，广告形式不断创新。如美国一家银行的广告语是，"Your money never gone this far"（积少成多）。广告语不但读起来朗朗上口，印象深刻，而且寓意深远，体现出较高的艺术水平。

任务二　金融企业广告策略与效果

一、企业广告策略的影响因素

企业制定广告策略时，应考虑以下几点因素。

1. 预算

和其他产业一样，金融服务的市场营销活动不仅是为了传播信息，也不仅是为了吸引客户，而是要把广告活动的成本和银行所得利益相联系。在产品广告策略中，这种联系似乎更容易发现，因此也更容易为企业主管所首先接受。所以初涉广告的金融企业大多采用产品广告策略；在形象广告策略中，这种联系和效果更难觉察和测定。为了节约费用开支，一些较小的金融企业还采用外部咨询专家，如在英国营销专家每星期提供一次广告咨询，一年咨询费为5000美元，而银行专门聘请在职行销专家年薪要50000美元。

2. 宣传对象

为了达到广告宣传的效果，金融企业在设计广告创意和内容时，必须分析了解那些有兴趣购买其产品的个人、家庭或组织的类型，并且要判定谁能作出购买的决定。对象的不同，金融企业做广告时在选择媒介、内容设计和形式设计方面都会作出相应的调整。国内金融界在做广告时，有时不分客户对象，而遍及所有社会公众和那种只登在专业刊物上的做法常常难以引起目标客户的注意。

3. 广告内容

金融广告内容首先要有理性的说服力，直接指向宣传对象的切身利益。它表明这些产品或服务将使宣传对象获得预期的实际利益。其次必须简单扼要地阐明所提供服务的条件和要求，以便客户在去银行之前便有一种明确的选择。再次广告的目的在很大程度上是帮助分支网点分销产品，能将本地区办理某一金融服务的网点地址情况登在广告内，将极大地便利客户的选择。

二、金融企业广告的层次

1. 金融企业形象广告

形象广告的目的是为扩大金融企业的知名度，提高其美誉度，给客户留下值得信赖、亲切并能提供最佳服务的形象，以便客户成为“回头客”。形象广告的重要性还在于：金融企业，无论是银行、保险公司或证券公司或多或少给人留下一些不好的印象。其中，包括“朝南坐”，官僚主义，不关心客户的需要，缺乏人情味等。许多人对金融企业抱有怀疑，甚至敌视态度。因此，金融企业要想吸引客户，能在客户办理首次业务之前，让客户对企业形象产生一个明确的认识是十分重要的。尚未在银行开户、尚未在证券公司办理证券交易和去保险公司投保之前，要想吸引他们去办理金融业务，关键是要让他们知道企业是关心客户的，是为客户的利益着想的，是有能力解决客户的财务问题的。连续性和覆盖面广的广告，可以有效地在目标市场上建立起统一的形象。

形象广告和广告创意有很大的联系。金融界不太愿意采用有新意的广告方式。传统金融人士普遍认为金融企业必须表现出一种稳重、循规蹈矩的温和推销的形象，一些富有创意的方法会有损于金融从业人员的形象。随着公众兴趣和认识态度的变化以及一些金融企业的经验表明，创造性的广告是创造金融企业形象有效手段。人们将会把某一创意性广告和金融企业的创新精神结合起来考虑。

创造性广告主要表现在以下几个方面。

(1) 创设一种现代化的标识、符号和图案。

(2) 运用生动形象的画面，包括运用动画片或聘请明星，或者讨人喜欢的人士做宣传。

(3) 运用使人可信的广告语，并根据时代特征进行改变。

2. 金融企业产品广告

产品广告是对金融企业提供的金融产品或服务进行广告宣传。它一方面是通过产品宣传使本企业的名称家喻户晓，另一方面又是为了宣传各种不同的服务。产品广告和企业形象广告互相补充，在企业形象广告引起客户的注意和兴趣之后，必须用产品广告向客户介绍能为其带来利益的各种金融服务。

产品广告的关键是向谁做广告和怎样做广告。产品广告要突出“差异化”，主要采用以下三种手段。

(1) 尽量将自己的产品和其他金融企业的产品区别开来，即使差别不明显，也要尽力找出和扩大这种差别，并尽力强调这种不同。当然仅仅是表面上的不同还不行，还必须找出对客户来讲是名副其实的和具有重要意义的差异，并向他们说明只有这种服务才能为他们带来利益。

(2) 利用新产品的推出来实现“差异”策略，人无我有，大做广告。这种广告对树立金融企业积极进取和为客户需要着想的形象十分有益。

(3) 产品质量在各金融企业仍存在一定的区别，中国银行擅长国际业务，因此，通过大力宣传“拳头产品”也是形成产品差异和形象差别的一个手段。

三、金融企业广告效果的测定

广告效果的测定，是指运用一定的方法，鉴定广告所能带来的经济和社会效益。进行广告效果的测定，有利于降低广告费用，有效的制定广告决策。因此，企业在付出一定的广告费用后一般都会十分关心广告的效果，重视广告效果的测定。广告效果的测定包括广告传播效果的测定和广告销售效果的测定两方面的内容。

1. 广告传播效果测定

(1) 广告满意的测定。即对广告吸引消费者的程度和范围的测定，一般用阅读率、收视率和收听率来表示。

阅读率＝广告的读者人数÷报纸杂志的发行量×100％

收听率＝广告的收听人数÷收音机的拥有量×100％

收视率＝广告的收看人数÷电视机的拥有量×100％

(2) 广告记忆度的测定。即对广告主要内容记忆程度的测定，通过记忆度测定来判断广告对人们的影响程度。包括是否记得广告的内容，是否相信广告所宣传的内容等。成功的广告，才能使客户印象深记忆率高。

记忆率＝记住广告重点内容的人数÷阅读（收听、收看）人数×100％

(3) 对购买动机形成的测定。即测定广告对消费者购买动机的形成能起多大的作用，消费者购买该商品是随意的，还是受广告的影响。

2. 广告销售效果的测定

广告销售效果的测定，可以通过计算广告费与销售额的比率来进行，其计算公式为：

广告效果比率＝销售增长率÷广告费增长率×100％

如果广告效果比率大，则说明广告效果好。但这种方法受其他因素影响较大，不能全面反映广告宣传的持续效果。

广告销售效果，还可以根据一定时期内每元广告费用的经济效益来测定，其公式为：

每元广告效益＝（广告后的月平均销售额－广告前的月平均销售额）÷广告费

这种方法较为简单，但要区分广告带来的销售量变化却不容易。在使用这种方法时，要考虑广告对业务量影响的滞后效果，时间间隔要长一些。

此外，广告只是影响销售额的因素之一，其他许多因素，如产品质量、价格、服务态度、服务方式、付款条件、销售渠道等都会影响销售量的增减。因此，企业在对广告销售效果进行测定时，应注意排除其他因素的影响。

项目小结

本章内容主要是针对金融企业的广告策略进行的介绍。

本章从广告媒体的介绍入手，从各种媒体的选择原则入手，引出金融企业广告使用的发展过程 、金融企业广告的特点；并引申至金融企业的广告策略和广告效果。

任务检测

简答题

1. 企业选择广告媒体的影响因素有哪些？
2. 金融企业的广告特点有哪些？
3. 金融企业制定广告策略时应注意的影响因素有哪些？
4. 金融企业的广告分哪几个层次？

延伸阅读

我国网络银行的发展现状及趋势

一、网络银行的概念及运行特点

1. 网上银行又称网络银行、在线银行，是指银行利用互联网技术，通过互联网向客户提供开户、销户、查询、对账、行内转账、跨行转账、信贷、网上证券、投资理财等传统服务项目，使客户可以足不出户就能够安全便捷地管理活期和定期存款、支票、信用卡及个人投资等。可以说，网上银行是在互联网上的虚拟银行柜台。

2. 网络银行的运行特点。

(1) 业务智能化、虚拟化。网络银行没有建筑物、没有地址，只有网址，其分行是终端机和互联网带来的虚拟化的电子空间，主要借助智能资本，客户无须银行工作人员的帮助，可以自己在短时间内完成账户查询、资金转账、现金存取等银行业务，即可自助式地获得网络银行高质、快速、准确、方便的服务。

(2) 服务个性化。互联网向银行服务提供了交互式的沟通渠道，客户可以在访问网络银行站点时提出具体的服务要求，网络银行与客户之间采用一对一金融解决方案，使金融机构与客户的互动中，实行有特色、有针对性的服务，通过主动服务赢得客户。

(3) 金融业务创新的平台。网络银行侧重于利用其成本低廉的优势和互联网丰富的信息资源，对金融信息提供企业资信评估，公司个人理财顾问、专家投资分析等业务进行创新和完善，提高信息的附加价值，强化银行信息中介职能。

二、我国网络银行存在的弊端

1. 网络建设方面：就目前发展形势看，中国的网络建设还不够完善，尽管近年来中国的网络发展神速，但就宽带、上网费用、覆盖地域等都是网络发展的重头戏，我国网络与业务的实践需求、人们的期望还有一定的偏差，与发达国家相比还有一定的差距。再者，上网速度和宽带也是阻碍中国网络发展的主要问题，随着上网人数的激增，上网速度慢、访问速度慢的矛盾显得更为突出；从地域分布上看，地区之间仍存在一定的差距，在一些发达城市中，互联网设施水平国内领先，与国际间的差距相对较小，基本上实现了门到户的宽带连接，但一些偏远地区，网络设施还不完善。

2. 网络的支付问题：网络的支付问题是影响网络银行发展的重要原因之一，目前中国的网络银行发展还不够成熟与完善，无法保证在交易过程中的安全性，其突出方面就是支付问题，网络支付结算方式仍处于发展的起步阶段，还存在很多问题，很多银行还无法提供全国联网的网络支付服务，在传统和网络支付的变更过程中，银行间未能很好地合作，而且它的网络支付的覆盖面相对较小，在数据和处理过程中也未能达到统一的标准，这严重制约了网络银行的发展与应用。诚信也是影响网络银行发展的原因之一，中国现在的信用制度还不完善，无论是商家还是普通的消费者在很多时候都是不讲信用的，所以人们对这种借助互联网的网络支付结算服务都是半信半疑。

3. 网络的安全问题：安全问题是网络银行在建设网上支付系统时，最为重视，也是花时间最多的问题，在很多情况下，犯罪分子侵入系统，干扰、破坏系统或盗用资金，给银行带来重大损失，给用户造成资金损失。在网络上存在的威胁有以下几个方面：信息泄露、非法使用、假冒、旁路控制和授权侵犯等。某个实体假装成另外一个不同的实体，非法实体通过种种渠道获取合法用户的权利，很多时候，黑客还会用木马控制用户的操作系统。综上所述，网络银行的发展还存在很多弊端和问题，想要更好地发展，还需要在各方面不断地完善。

4. 网络的法律问题：网络银行的技术设计是先进的，具有强大的生命力，但网上交易可能会承担由于法律滞后而造成的风险，在我国，网络的法律问题还不完善，还存在很多漏洞，消费者还不能很放心地使用网上交易，从而影响了网络银行的发展。

三、实现我国网上银行发展的对策分析

1. 加强银行内部使用网上银行的管理

加强银行内部使用网上银行的管理是指对银行内部操作网上银行系统、办理网上银行业务的机构和人员建立逐级管理和分级授权的制度。

2. 加强银行对网上银行客户的管理

银行对网上银行客户的管理是指银行对哪些客户可以使用网上银行，客户可以使用哪些网上银行服务，以及客户操作网上银行的过程和结果进行管理。

3. 加强网上银行业务的宣传和营销

网上业务创新应该从方方面面体现，而体现的是否完美就只能从实践入手，使网络银行可以提供更具价格竞争力的金融产品。随着社会信息化程度的不断提高，电子商务活动逐渐开展起来，广大商家和消费者希望金融界能提供更丰富、更方便、更快捷、更安全、更高效的金融产品和服务，对使用新型的电子金融工具产生了强烈欲望和要求。

4. 加快法律制度建设

我国需要加强网络银行的监管工作。根据网络银行业的实际情况，尽快建立适用于网络银行操作运行的法律规范，严惩利用计算机在网络银行系统中实施犯罪行为的犯罪分子，以完善对网络银行发展在法律制度上的安全保护。网络银行是无国界的，所以需要加强与国际组织以及世界各国金融司法部门和业务主管部门的合作，解决好对跨国、跨境金融数据流的监管问题，制定共同打击网络金融犯罪和调控网络金融业风险责任承担的国际条约，确保网络金融业的顺利发展。

项目七　金融市场营销商务谈判

学习目标

〔知识目标〕

1. 了解金融商务谈判的概念和作用；
2. 掌握商务谈判对金融企业的重要性和特殊意义；
3. 掌握金融产品营销商务谈判的流程、原则和技巧；
4. 了解并掌握金融产品营销商务谈判的基本礼仪。

〔技能目标〕

1. 通过本章节的学习，了解并掌握金融市场营销商务谈判的基本技巧；
2. 能够进行金融产品营销商务谈判。

案例导读

客户经理王某负责某支行的一个优质客户的关系维护，近期，中国人民银行宣布下调贷款利率，该客户以前与该行签订的一笔流动资金贷款合同尚未到期，客户希望能够提前还款，重新签订新的贷款合同，执行降息后的利率标准，以降低财务成本。为此，支行组成了谈判小组，小组进行了激烈的讨论，形成了两种不同的意见，一种意见是：客户单方面违背了原贷款合同的条款，损害了我行的利益，不同意提前还款、重签合同。以王某为代表的另一种意见认为，该客户是各家银行竞争的目标，在贷款降息时，希望降低财务成本的要求可以理解，关键是如何以合作的态度积极应对。经过讨论，谈判小组形成了倾向性的意见：从双方长期合作的角度出发，考虑客户捉出的要求，但希望客户也能够考虑到银行的利益，因此向其提出补偿性方案。最后经过谈判，客户同意了这种方案。由上面的案例可以看出，商务谈判在现代金融产品营销中起着越来越重要的作用。事实上，在国外成熟的金融市场上，商务谈判早已是金融产品营销的必备手段之一。

请思考：金融商务谈判给该商业银行带来了哪些利益？

任务一　金融产品营销商务谈判的概念与作用

一、商务谈判的定义

商务谈判是指不同的经济实体各方为了自身的经济利益和满足对方的需要，通过沟通、协商、妥协、合作、策略等各种方式，把可能的商机确定下来的活动过程。不一定是收购某家公司或者签订几百万的合同才是商务谈判，在日常生意中与公司相关的利益群体就涉及双方共同利益的"标的物"进行协商协议达成一致的过程都可以称之为商务谈判。

综上所述，谈判指人们基于某种需求，彼此进行信息交流，磋商协议，旨在协调其相互关系，赢得或者维护各自利益的过程。

二、商务谈判的基本原则

在社会主义市场经济条件下，商务谈判活动应遵循以下原则：双赢原则、平等原则、合法原则、时效性原则、最低目标原则。在实际谈判中应当重利益而非立场，不要在立场上讨价还价；双方利益是谈判的基点。在谈判中还应该注意双赢的概念，我国实际商务谈判的原则：平等互利、友好协商、依法办事、统一对外、不卑不亢。

三、商务谈判对金融企业的重要性

商务谈判能帮助金融企业增加利润。对于一个企业来说，增加利润一般有三种方法：①增加营业额；②降低成本；③谈判。

（1）增加营业额，它最直接，但也最难。因为在市场竞争日趋激烈的今天，争夺市场份额本身就是一件很难的事情；而且增加营业额往往也会增加费用，比如员工工资、广告费、业务员提成等。所以可能企业的营业额增加很多，但扣除费用以后发现，利润却没怎么增加。

（2）降低成本。一般来说，企业降低成本的空间是有限的，降到一定程度就没法降了；而且降低成本还有可能降低产品的品质，反而损害了公司的长远利益。

（3）谈判。通过谈判，尽量以低价买进，高价卖出，一买一卖之间，利润就产生了。它是增加利润最有效也是最快的办法，因为谈判争取到的每一分钱都是净利润。比如企业的某产品通常售价是一万元，如果业务员谈判水平提高了，售价提高到一万一千元，则提高的一千元完全是净利润；同样，企业在采购时所节省的每一分钱也都是净利润。

小贴士

谈判的概念最早于战国的纵横家。谈判不仅是沟通之“术”，更是处世之“道”。谈——彼此对话、讨论（过程）（人文、情商）；判——评断（结果）（科学、智商）。

西方谈判的定义；谈判是关于经验的学问，是经验的科学。只要是人们为了改变相互关系而交换观点，或为某种目的企求取得一致并进行磋商，即是谈判。一场成功的谈判，对某一方来说都是有限的胜利者。可见，谈判是一个合作的利己主义的过程。英国谈判专家 P. D. V. Marsh 是这样定义谈判的，谈判是有关贸易双方为了各自的目的就一项涉及双方利益的标的物在一起进行洽商，通过调整各自提出的条件，最终达成一项双方满意的协议。

任务二　金融产品营销商务谈判的过程

一、谈判的构成

一般来说，商务谈判由以下三部分构成：①参加商务谈判的当事人；②商务谈判的主题或标的，即商务谈判各方共同指向的事物和内容；③商务谈判的目标。

二、谈判的准备

1. 谈判目标的确立

（1）谈判目标包括四个层次（见图 7－1）：最高目标、需求目标、可接受目标以及最低目标。

1）最高目标：可望而不可即。

2）需求目标：秘而不宣的内部秘密、谈判者坚守的防线、最好由对方挑明关系谈判一方的主要或全部利益。

3）可接受目标：谈判中可争取或作出让步的范围。

4）最低目标：必须实现的目标。

在设置谈判目标时，应注意具备实用性、具有弹性、具有合法性、优化目标次序。

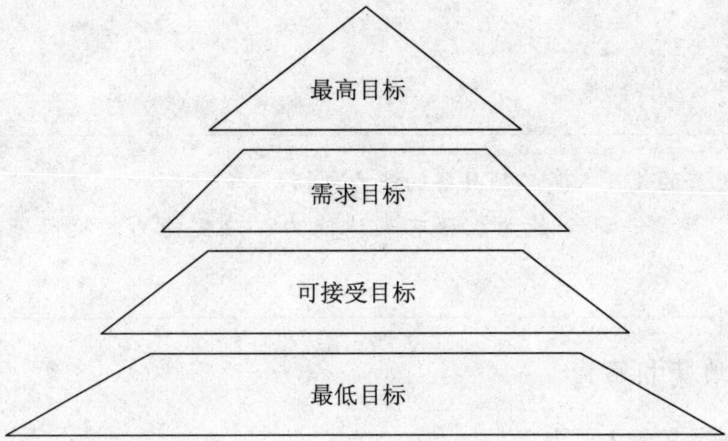

图 7－1　目标层次图

（2）谈判目标的保密

应当尽量缩小谈判目标知晓范围，提高谈判人员的保密意识，有关目标的文件资料要收藏好。

2. 谈判人员的配备

（1）首席代表：又称为谈判领导人。他们在谈判中拥有领导权和决策权，一般由单位的副职领导人担任。

（2）技术人员：由熟悉生产技术，产品标准和科技发展动态的工程师担当。

（3）商务人员：由熟悉商业贸易，市场行情，价格形势，财务情况的贸易专家担当。

（4）法律人员：精通经济贸易的各种法律条款。

（5）翻译人员：在商务谈判中，不仅能起到语言沟通作用，而且能改变谈判气氛，增进谈判双方的了解，合作和友谊。

（6）记录人员：具备熟练的文字记录能力，并具有一定的专业基础知识。

3. 谈判班的人员的分工与合作

在谈判过程中，应当注意两个配合和三个分工。两个配合是指主谈人和辅谈人的配合、“台上”和“台下”的配合。三个分工是指洽谈技术条款时的分工、洽谈商务条款时的分工、洽谈法律条款时的分工。

4. 商务谈判人员应具备的素质

商务谈判必须具备的首要条件包括：良好的职业道德、健全的心理素质、合理的学识结构、较高的能力素养、较好的身体素质。同时谈判人员必须遵纪守法、廉洁奉公、有强烈的事业心、进取心。坚韧顽强的意志力、高度的自制力、良好的协调能力。横向方面要有广博的知识。纵向方面要有较深的专门学问，具备“T”字形的知识结构。

小贴士

> 作为一名优秀的谈判人员必须具备的能力包括：
>
> 认知能力、运筹、计划能力、语言表达能力、应变能力、交际能力、创造性思维能力。

三、情报收集和筛选

1. 信息情报收集的主要内容

信息情报具体包括与谈判有关的环境因素：政治状况、法律制度、社会习俗、商业习惯、金融状况、气候因素、市场信息（细分、销售、渠道、竞争、需求）；有关谈判对手的情报：资信情况、合作欲望、谈判人员情况、时限、权限；竞争者的情况；对方的其他情况。

2. 信息情报收集的方法和途径

信息情报收集的方法包括直接观察法、检索调研法、专题询问法（电话套信息）。收集完信息之后，下一步就是信息情报的处理。

3. 信息情报的整理和筛选

信息情报的处理包括四步（见图 7－2）：第一步，对所收集到的信息情报进行分类；第二步，比较手中的信息情报，判断哪些是真，哪些是假；第三步，对收集到的信息情报去伪存真之后，进行研究。最后对收集到的信息情报进行整理，归档并保存。

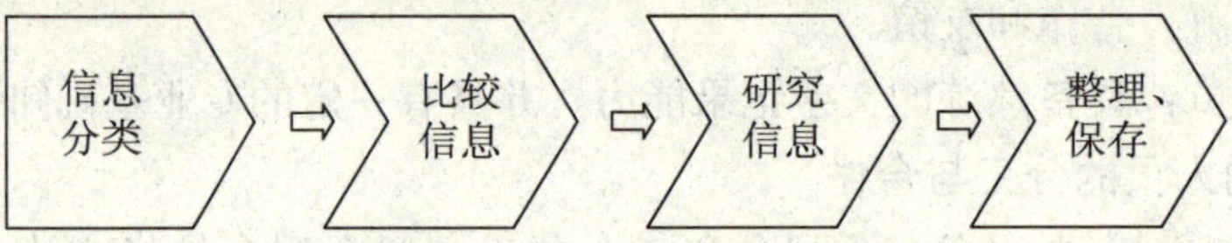

图 7－2　信息情报处理流程图

四、谈判的过程

谈判包括四个阶段：摸底阶段、报价阶段、磋商阶段、成交阶段；摸底阶段主要是建立良好的谈判气氛，交换意见；报价阶段，报价的形式，包括书面报价和口头报价，书面报价，通常是谈判一方事先为谈判提供了较详尽的文字材料、数据图表等，表明谈判者愿意承担的义务。磋商阶段，狭义的讨价还价是指买卖双方为确定商品成交价格而进行的争议。广义的讨价还价是指谈判中的讲条件；最后如果双方达成一致，能进入成交阶段。

任务三　金融商务谈判技巧

在现代商业社会中，商务谈判越来越多，对企业的经营活动也起着越来越重要的作用。商务谈判的技巧不仅适用于公司与公司之间的谈判，同时也适用应聘者与公司、销售人员与顾客等。以下是在商务谈判中比较实用的几个技巧。

一、确定谈判态度

在商业活动中面对的谈判对象多种多样，我们不可能用一样的态度对待所有谈判，而是需要根据谈判对象与谈判结果的重要程度来决定谈判时所要采取的态度。

如果谈判对象对企业很重要，比如长期合作的大客户，而此次谈判的内容与结果对公司并非很重要，那么就可以抱有让步的心态进行谈判，即在企业没有太大损失与影响的情况下满足对方，这样对于以后的合作会更加有力。

如果谈判对象对企业很重要，而谈判的结果对企业同样重要，那么就保持一种友好合作的心态，尽可能达到双赢，将双方的矛盾转向第三方，比如市场区域的划分出现矛盾，那么可以建议双方一起或协助对方去开发新的市场，扩大区域面积，将谈判的对立竞争转化为携手竞合。

如果谈判对象对企业不重要，谈判结果对企业也是无足轻重，可有可无，那么就可以轻松上阵，不要把太多精力消耗在这样的谈判上，甚至可以取消这样的谈判。

如果谈判对象对企业不重要，但谈判结果对企业非常重要，那么就以积极竞争的态度参与谈判，不用考虑谈判对手，完全以最佳谈判结果为导向。

二、充分了解谈判对手

正所谓，知彼知己，百战不殆，在商务谈判中这一点尤为重要，对对手的了解越多，越能把握谈判的主动权，就好像我们预先知道了招标的底价一样，自然成本最低，成功的概率最高。

了解对手时不仅要了解对方的谈判目的、心里底线等，还要了解对方公司的经营情况、行业情况、谈判人员的性格、对方公司的文化、谈判对手的习惯与禁忌等。还有一个非常重要的因素需要了解并掌握，那就是其他竞争对手的情况。比如，一场采购谈判，我们作为供货商，要了解其他可能和我们谈判的采购商进行合作的供货商的情况，还有其他可能和自己合作的其他采购商的情况，这样就可以适时给出相较其他供货商略微优惠一点的合作方式，那么将很容易达成协议。如果对手提出更加苛刻的要求，我们也就可以把其他采购商的信息拿出来对比，同时暗示，我们有很多合作的选择。反之，我们作为采购商，也可以采用同样的反向策略。

三、准备多套谈判方案

谈判双方最初各自拿出的方案都是对自己非常有利的，而双方又都希望通过谈判获得更多的利益，因此，谈判结果肯定不会是双方最初拿出的那套方案，而是经过双方协商、妥协、变通后的结果。

在双方你推我拉的过程中常常容易迷失了最初的意愿，或被对方带入误区，此时最好的办法就是多准备几套谈判方案，先拿出最有利的方案，没达成协议就拿出其次的方案，还没有达成协议就拿出再次一等的方案，即使我们不主动拿出这些方案，但是可以做到心中有数，知道向对方的妥协是否偏移了最初自己设定的框架，这样就不会出现谈判结束后，仔细思考才发现，自己的让步已经超过了预计承受的范围。

四、建立融洽的谈判气氛

在谈判之初，最好先找到一些双方观点一致的地方并表述出来，给对方留下一种彼此更像合作伙伴的潜意识。这样接下来的谈判就容易朝着一个达成共识的方向进展，而不是剑拔弩张的对抗。当遇到僵持时也可以拿出双方的共识来增强彼此的信心，化解分歧。

也可以向对方提供一些其感兴趣的商业信息，或对一些不是很重要的问题进行简单的探讨，从而拉近心理距离。

五、设定好谈判的禁区

谈判是一种很敏感的交流，所以，语言要简练，避免出现不该说的话，但是在艰难的长时间谈判过程中也难免出错，最好的方法就是提前设定好哪些是谈判中的禁语，哪些话题是危险的，哪些行为是不能做的，明确谈判的心理底线等。这样就可以最大限度地避免在谈判中落入对方设下的陷阱中。

小贴士

> 谈判之前，应该深入了解对手的宗教信仰、风俗禁忌等相关生活内容，努力避开敏感区域，一方面避免谈判陷入尴尬，另一方面，也可以使对方感受到你的诚意。

六、语言表述简练

在商务谈判中忌讳语言松散或像拉家常一样的语言方式，尽可能让自己的语言变得简练，否则，你的关键词语很可能会被淹没在拖拉冗长，毫无意义的语言中。一颗珍珠放在地上，我们可以轻松的发现它，但是如果倒一袋碎石子在上面，再找起珍珠就会很费劲。同样的道理，人们接收外来声音或视觉信息的特点是：一开始专注，随着接受信息的增加，注意力会越来越分散，如果是一些无关痛痒的信息，更将被忽略。

谈判时语言要做到简练，针对性强，争取让对方大脑处在最佳接收信息状态时表述清楚自己的信息，如果要表达的是内容很多的信息，比如合同书、计划书等，那么适合在讲述或者诵读时语气进行高、低、轻、重的变化，如重要的地方提高声音，放慢速度，也可以穿插一些问句，引起对方的主动思考，增加注意力。在重要的谈判前应该进行一下模拟演练，训练语言的表述、突发问题的应对等。在谈判中切忌模糊，啰唆的语言，这样不仅无法有效表达自己的意图，更可能使对方产生疑惑、反感情绪。在这里要明确一点，区分清楚沉稳与拖沓的区别，前者是语言表述虽然缓慢，但字字经过推敲，没有废话，而这样的语速也有利于对方理解与消化信息内容。在谈判中想靠伶牙俐齿，咄咄逼人的气势压住对方，往往事与愿违，多数结果不会很理想。

七、做一颗柔软的钉子

商务谈判虽然不比政治与军事谈判，但是谈判的本质就是一种博弈，一种对抗，充满了火药味。这个时候双方都很敏感，如果语言过于直率或强势，很容易引起对方的本能对抗意识或招致反感，因此，商务谈判时要在双方遇到分歧时面带笑容，语言委婉。这样对方就不会启动头脑中本能的敌意，使接下来的谈判不容易陷入僵局。

商务谈判中并非张牙舞爪，气势夺人就会占据主动，反倒是喜怒不形于色，情绪不被对方所引导，心思不被对方所洞悉的方式更能克制对手。至柔者长存，至刚者易损，想成为商务谈判的高手，就要做一颗柔软的钉子。

八、曲线进攻

孙子曰："以迂为直"，克劳塞维茨将军也说过："到达目标的捷径就是那条最曲折的路"，由此可以看出，想达到目的就要迂回前行，否则直接奔向目标，只会引起对方的警觉与对抗。

应该通过引导对方的思想，把对方的思维引导到自己的包围圈中，比如，通过提问的方式，让对方主动替你说出你想听到的答案。反之，越是急切想达到目的，越是可能暴露了自己的意图，被对方所利用。

九、谈判是用耳朵取胜，而不是嘴巴

在谈判中我们往往容易陷入一个误区，那就是一种主动进攻的思维意识，总是在不停地说，总想把对方的话压下去，总想多灌输给对方一些自己的思想，以为这样可以占据谈判主动，其实不然，在这种竞争性环境中，你说的话越多，对方会越排斥，能入耳的很少，能入心的更少，而且，话多了就挤占了总的谈话时间，对方也有一肚子话想说，被压抑下的结果则是很难妥协或达成协议。反之，让对方把想说的都说出来，当其把压抑心底的话都说出来后，就会像一个泄了气的皮球一样，锐气会减退，接下来你在反击，对手已经没有后招了。更为关键的是，善于倾听可以从对方的话语中发现对方的真正意图，甚至是破绽。

十、控制谈判局势

谈判活动表面看来没有主持人，实则有一个隐形的主持人存在着，不是你就是你的对手。因此，要主动争取把握谈判节奏、方向，甚至是趋势。主持人所应该具备的特质是：语言虽不多，但是招招中的，直击要害，气势虽不凌人，但运筹帷幄，从容不迫。并且，想做谈判桌上的主持人就要体现出你的公平，即客观地面对问题，尤其在谈判开始时尤为重要，慢慢对手会本能的被你潜移默化的引导，局势将向对你有利的一边倾斜。

十一、审时度势

趣味小故事

> 春秋时期，宋国有一个饲养猴子的高手，他养了一大群猴子，他能理解猴子所表达的思想，猴子也懂得他的心意。这个人家境越来越贫困，已经买不起那么多的食物给猴子吃，于是，打算减少猴子每餐橡子的数量，但又怕猴子不顺从自己，就先欺骗猴子说："给你们早上三个橡子，晚上四个橡子，够吃了吗？"猴子一听，大声地叫嚷，以示反对。过了一会儿，他又说："唉，没办法，早上给你们四个橡子，晚上三个橡子，这该够吃了吧？"猴子们一听，个个手舞足蹈，非常高兴。

这个小故事大家应该非常熟悉，就是成语"朝三暮四"中的典故。这个故事看似荒唐可笑，其实，在谈判中却真实地存在着"朝三暮四"的现象。通常体现在双方在某个重要问题上僵持的时候，一方退后一步，抛出其他小利，作为补偿，把僵局打破，并用小利换来大利，或把整个方案调换一下顺序，蒙蔽了我们的思维。乍听起来觉得不可思议，但在实际谈判中经常会出现这样的情况，所以，首先要能跳出像脑筋急转弯一样的思维陷阱，而后要善于施小利，博大利，学会以退为进。在谈判中一个最大的学问就是学会适时的让步，只有这样才可能使谈判顺利进行。

十二、让步式进攻

在谈判中可以适时提出一两个很高的要求，对方必然无法同意，我们在经历一番讨价还价后可以进行让步，把要求降低或改为其他要求。这些高要求我们本来就没打算会达成协议，即使让步也没损失，但是却可以让对方有一种成就感，觉得自己占得了便宜。这时我们其他的要求就很容易被对方接受，但切忌提出太离谱、过分的要求，否则对方可能觉得我们没有诚意，甚至激怒对方。

任务四　金融产品营销谈判礼仪

在谈判中，美好的第一印象是迈向成功的关键，因此，见面时的着装打扮、言谈举止都很重要，见面礼仪包括仪容礼仪、介绍礼仪、握手礼仪和名片使用的礼仪。会谈是商务谈判的重要内容。会谈的礼仪包括座次安排、寒暄与问候，这些礼仪安排是大有学问的，这是商务人员应该掌握的。商务谈判的宴请是加强双方联系、沟通感情的需要。宴请的形式有宴会、招待会、茶会、工作餐等，每种形式均有特定的要求和适应性，商务人员要掌握其中的礼仪，并加以灵活运用。馈赠是商务活动中不可缺少的交往内容。恰如其分的馈赠礼品能起到加深了解、增进友谊的作用，而其中的礼仪也是商务人员应该掌握的。

金融产品营销谈判作为一项特殊的商务活动，对谈判者的礼仪有特殊的要求，懂得并掌握这些必要的礼仪与礼节是商务谈判人员必须具备的基本素质。会面是商务谈判活动的初始阶段，谈判参加方的实质接触首先源于会面，会面中谈判人员的着装打扮、言行举止会极大地影响谈判人员的相互交流与进一步沟通。

一、仪容仪表

从事商务活动的男士需要从以下几个方面注意自己的仪容仪表。男士的发型发式就是干净整洁，并且要经常地注重修饰、修理。头发不应过长，男士前部的头发不要遮住自己的眉毛，侧部的头发不要盖住自己的耳朵，同时不要留过厚和过长的鬓角，后部的头发不要长过自己西装衬衫领子的上部。每天要修理胡须以保持面部的清洁；要注意随时保持口腔的清新。在正式的商务场合，男士要求穿西装，打领带，衬衫的搭配要适宜，杜绝穿夹克衫；也不允许西装和高领衫、T 恤衫或毛衣进行搭配。

女士的发型发式应该美观大方，需要特别注意的是，在选择发卡、发带的时候，样式应该庄重大方。女士在正式的商务场合，面部修饰应该以淡妆为主，不要浓妆艳抹，但也不能不化妆。女士商务着装的要求是干净整洁。同时，女士着装要严格区分职业套装、晚礼服及休闲服。女士在选择丝袜及皮鞋的时候，要注意丝袜的长度一定要高于裙子的下摆，同时在选择皮鞋时应尽量避免鞋跟过高、过细。商务礼仪的目的是为了体现出对他人的尊重，在选择佩戴饰品的时候，应该避免过于奢华。

二、介绍礼仪

自我介绍是谈判双方互不相识，又没有中间人的情况下而采用的一种介绍方式。在自我介绍时要说明自己的姓名、身份、单位等，并表达出愿意和对方结识的意愿。介绍自己时要不卑不亢，面带微笑，陈述要简洁、清楚。

为他人作介绍时，将被介绍人的姓名、身份、单位等情况，作简要说明，更详细的内容由被介绍者根据其意愿自己去介绍。正式介绍的国际惯例一般是：先将年轻的介绍给年长的；先将职务、身份较低的介绍给职务、身份较高的；先将男性介绍给女性；先将客人介绍给主人；先将未婚的介绍给已婚的；先将个人介绍给团体。当两位客人正在交谈时，切勿将其中一人介绍给第三者。对于远道而来的又是首次洽谈的客人，介绍人应该准确无误地把客人介绍给主人。介绍双方认识时，应避免刻意强调一方，否则，会引起另一方的反感。

除女士和年长者外，被介绍时一般应起立面向对方，但在宴会桌上、谈判桌上可不必起立，被介绍者只要微笑点头，距离较近可以握手，远者可举右手致意。

三、握手礼仪

握手时距受礼者约一步远，两脚立正。脚并拢或脚尖展开站成“八”字步，上身稍微前倾，肘关节微曲抬起至腰部，目视对方伸出右手，四肢并拢、拇指张开与对方相握或者微动一下即可，礼毕后松开。行礼者与受礼者间距适度，不要太远或太近，否则都不雅观，尤其是不可将对方的手拉近自己的身体区域。握手时只可上下摆动，而不能左右摆动。

握手的次序取决于握手人双方的年龄、地位、性别等因素。在商务谈判场合，通常握手的次序为：主人先伸手，客人随之；年长者先伸手，年轻者随之；职位高者先伸手，职位低者随之；女士先伸手，男士随之。握手时间通常以 3～5 秒为佳，尤其是第一次见面时。如果一方握住对方的手持续时间过长，会被对方认为热情过度，不懂礼貌。一般握一下即可，如果是熟人，时间可稍长些。男女之间不管生熟与否，都不宜用力握手，只握一下女士手指部分，女方若不提手，男士只能点头或鞠躬致意。女士可以戴手套握手（尤其是在戴晚礼服手套时），但男士必须摘下手套，不能戴手套握手。人比较多时，握手应该按照次序进行，不能交叉握手，而应等待对方与他人握手后再伸手。谈判中，既可站着握手，也可坐着握手。

在任何时候，拒绝对方主动握手都是失礼的。但当自己手上有水或不清洁时，应谢绝握手并说明理由。握手要注意面部表情。面部表情是配合握手举止的一种辅助动作，对加深双方情感和印象有重要的作用。握手时双目注视对方，要面带笑容真诚地与对方握手，不能用冷淡呆板的表情与对方握手。

四、寒暄与问候礼仪

寒暄是谈判双方进行顺利洽商的前提。寒暄的基本原则是：积极认真，争取主动，迅速调动自己的情绪，表现出与之交往的愿望和真诚；善于选择话题，互致问候；注意场合，讲究方式。

小贴士

寒暄的禁忌主要有：心不在焉，一心二用；匆忙应对，词不达意；急于接触实质性问题；引出易于产生争议的议题；提出谈判双方回避的话题；有违对方特定的风俗习惯的内容。

在商务谈判中问候语言的运用既表示尊重，又显示亲切，也充分表现出说话者良好的风度和教养。如果初次跟客商见面，问候语言与寒暄语言没有区别。在商务谈判中经常使用的“您好”即可以用做问候，也可用做寒暄。一般对男子称“先生”，对女子称“小姐”、“女士”。称呼顺序的基本原则是“先长后幼、先上后下、先疏后亲、先外后内”，这样做比较礼貌、得体和周到。

五、商务谈判过程礼仪

座次安排的基本要求是以右为尊。谈判者身份、地位高的坐右边，低的则坐左边。在双边谈判中，大多使用长方形的桌子。通常宾主相对而坐，各占一边。谈判桌一般对着入口时，来宾对门而坐，东道主背门而坐。双方的主坐人是谈判中的主宾和主人。主宾和主人居中相对而坐，其余人员按职务高低分坐左右，原则上以右为尊。主谈人右手第一人为第二位置，左手第一人为第三位置，右手第二人为第四位置，左手第二人为第五位置，以此类推，记录员一般位于来宾的后侧，翻译人员位于主谈人右侧。

交谈应该尊重对方，谅解对方。态度和气，言语得体，交谈内容一般不要涉及病亡等不愉快的事，不要直接询问对方履历、工资收入、家庭财产、衣物价格等个人生活问题。不要询问女性年龄、婚姻、体态等。对方不愿意回答的问题不要追问。及时肯定对方。注意语速、语调和音量。一般来说，目光以看着对方脸的上部三角部分。在正常情况下，视线接触对方脸部的时间应占全部谈话时间的39%～60%，超过或不足都不合适。如果对方人员是女性，注视时间过长就会显得失礼。目光注视对方的比较规范的做法是散点柔视，这样既显示真诚，又不会使对方感到不自在。

谈判过程的最后阶段是签约，签约也有一定的礼仪和规范需要遵循。签约表示谈判过程的完成。签约也有一定的礼仪和规范需要遵循。直接签约是指双方法人代表针对洽谈达成的协议直接签订合同的方式，大部分交易都采用直接签约的方式。指定签约即第三人在取得一方代表就某项交易的委托证明后，按照委托书的授权范围签订合同的方式。会议签约即双方法人代表或法人委托人就某项在交易会洽谈并达成协议后签订合同的方式，有时主管部门征得所属企业的同意，亦可在会议上代其签订协议。

签约仪式是谈判双方或多方就达成的交易签订协议的一种仪式。往往比较正式、隆重，礼仪规范比较严格。在签约仪式前，应做好各种文本的准备工作，包括定稿、翻译、校对、印刷、装订等，包括签字笔、吸墨器等物品，指派助签人员，安排洽谈仪式程序和其他有关细节。正式参加签约仪式的一般是各方参与谈判的全体人员，有时还邀请各方的高层人士出席仪式，以示正式和庄重。签约仪式的场所布置应有所考究，符合一定的礼仪规范。悬挂、摆放双方国旗时，右挂客方国旗，左挂本国国旗。

签约仪式开始，各方参加人员应按礼宾次序进入签约厅；主签人员入座时，各方人员按身份顺序入位排列；助签人员分别站立于本方签约人员的外后侧，协助翻揭文本，指明签字处；必要时代双方主签人交换文本，相互握手；此时，一般还要安排礼仪小姐或礼仪先生分别为主客方的主签人或全体人员每人呈上一杯香槟酒，双方干杯、祝贺、道谢。最后，一般还要在签约厅合影留念。

可将会议室、洽谈室、会客厅临时用做签字厅。签字厅布置应该整洁庄重。将长方形签字桌（或会议桌）横放在签字厅内，台面摆设绿色台布。座椅应该根据签字方的情况来摆放。签署双边合同，在正面对门的一边就座，除桌椅外，其他家具陈设则可免去。签约是谈判最后一个环节的工作，如果把握不好，就可能使洽谈前功尽弃。因此，要特别注意签约的禁忌。

小贴士

签约的禁忌有以下六个方面。

1. 协议不完整，存在矛盾、漏洞或有含糊之处。
2. 文本有错漏，翻译不准确，印刷、装订不好，正本数量不够。
3. 签约的助签人员没有做好准备，文具、物品准备不充分。
4. 双方参加签约仪式的人员，尤其是主签人不对等。
5. 签约仪式的场所布置不庄重，准备仓促，座次安排不规范，国旗倒置或悬挂不同比例的国旗。
6. 签约的顺序颠倒、程序错漏等。

送别人员应事先了解对方离开的准确时间，提前到达来宾住宿的宾馆，陪同来宾一同前往机场、码头或车站，也可以直接前往机场、码头或车站恭候来宾，与来宾道别。在来宾上飞机、轮船或火车之前，送行人员应按照一定的顺序同来宾一一握手道别。当飞机起飞、轮船或火车开动之后，送行人员应向来宾挥手道别。

项目小结

本章主要介绍金融市场营销中的商务谈判。首先对商务谈判的概念和作用进行介绍，其次讨论了金融产品营销中商务谈判的过程。最后介绍了金融产品营销中商务谈判的的技巧以及在金融产品营销谈判中应掌握的基本礼仪规范。

任务检测

一、填空题

1. 商务谈判活动应遵循________、平等原则、合法原则、________、最低目标原则。

2. 一般来说，商务谈判由________、商务谈判的主题或标的、________三部分构成。

3. 谈判包括四个阶段：________阶段、________阶段、________阶段、________阶段。

4. 信息情报收集的方法包括直接观察法、________、专题询问法（电话套信息）。

5. 谈判的目标可分为：________目标、________目标、________目标、________目标。

二、简答题

1. 金融产品营销商务谈判的基本原则是什么？

2. 金融产品营销商务谈判人员应具备什么样的素质？

3. 金融产品营销商务谈判中应注意哪些礼仪规范？

项目八 金融产品市场营销售后服务

学习目标

〔知识目标〕

1. 掌握金融售后服务的定义以及相关内容；
2. 掌握金融售后服务人员的相关道德规范；
3. 掌握金融售后服务人员的服务技巧。

〔技能目标〕

1. 通过本章学习，提升自己的仪容仪表；
2. 能够熟练运用相关的服务技能开展工作。

案例导读

民生银行小微金融售后服务——伙伴式的金融管家

中国民生银行广州分行针对小微企业客户实现了传统的贷后管理向售后服务的转变，成立了售后服务部，组建了专门服务于小微企业贷款客户的售后服务团队，着力构建以客户分类为基础、以客户感受为导向、以客户价值贡献度为基准的售后服务模式，向伙伴式的“金融管家”方向转变。

一、想客户所想，提供贴心服务

为避免小微客户贷款逾期对客户信用造成不良影响，该行对贷款到期的客户提前两个月进行短信和电话的通知，以确保客户能有足够的时间运转资金归还贷款，避免了客户因公司经营周转资金临时性回笼不及时而导致逾期的情况。同时，在客户每月还息日前，该行会有温馨短信提醒客户存足金额以备还款。

二、提供便捷贷款偿还服务

为方便客户跨行还款，该行推出了“跨行代扣”业务，该业务可以在每个月的还息日前主动帮客户把还贷资金从他行划到客户的供款账户，从而帮客户节省了转账的手续，同时保障了客户还款的及时性。

三、协助制订还款计划保障资金充分运用

此外，该行还根据客户的经营周期，与客户共同设立了符合客户经营特点的还款计划表，充分地利用了客户使用资金旺季和淡季的特点。这样一来，在客户最需要钱的旺季获得贷款，在资金较为充裕的淡季偿还贷款，提高贷款的使用效率，也节省了贷款的利息支出。

四、“民生财富大课堂”，提供金融管家服务

“民生财富大课堂”是该行向广大经营商户及个人提供的一系列在行业、金融、企业管理、个人理财、家庭生活等方面的增值服务。2011 年 5 月至今，中国民生银行广州分行共举办财富大课堂 267 场次，参加人数达 30511 人次。

资料来源：http：//www. microbell. com/ecodetail _ 144039. html.

请思考：民生银行售后服务部的工作内容主要有哪一些？售后服务的重要性表现在哪些方面？

任务一 售后服务人员职业道德规范

职业道德是指从业人员在职业生活中应遵循的基本道德，是对各种从业人员规定的、起自我约束作用的行为准则。金融售后服务人员职业道德是金融售后服务从业人员应当遵循的行为规范和行为准则。

一、树立金融售后服务人员职业道德的重要作用

1. 树立售后服务人员良好的职业道德，可以提高员工的整体素质

由于我国现在正处在社会的转型期，贫富差距比较大，市场经济还不健全，市场经济的负面作用给人们造成了一定的影响，金融从业者往往会在追求利润最大化和个人利益的同时迷失方向，形成一切向钱看的拜金主义错误思想。特别是金融行业的特殊性，会更容易受到金钱至上，唯利是图，利己主义等错误的价值观的影响，金融业内部的腐败案件就是一些典型的案例，所以一定要树立金融服务人员的职业道德，通过职业道德来与这些错误的思想进行斗争。

2. 树立售后服务人员良好的职业道德，可以提升金融产品的质量

伴随着金融行业的快速发展，金融企业之间的竞争已经日益激烈，产品的同质化使金融产品的竞争不能仅仅停留在商品本身，售后服务已经演变成了金融产品的一部分，售后服务对于金融服务来讲是非常重要的一部分，直接决定了金融产品的质量。售后服务人员只有树立良好的职业道德，才能为客户提供满意体贴和周到的售后服务，才能保证金融产品的质量永远“不变质”。例如，有些金融理财产品的收益是和未来的金融市场的变动紧密联系在一起的，需要售后服务人员与客户及时沟通，才能帮助客户明白收益的变动情况，有些保险产品需要客户通过不断的续保才能发挥其功能，如果没有售后服务人员的及时监控，就可能使保险产品失去它自身的功能。金融产品的不确定性以及复杂性给售后服务带来了很大的困难，只有提高自身的职业道德，售后服务人员才能让金融产品发挥其应有的功能。

3. 树立售后服务人员良好的职业道德，可以提升客户的忠诚度

随着金融理财产品的不断创新，金融理财产品设计也趋向于复杂，特别是我国近几年金融市场发展速度越来越快，创业板市场以及股指期货的推出更加提高了客户对于金融产品的关注，但是金融知识不是每一个客户都有时间和机会去学习的，即使有了一定的金融知识，也未必有充足的时间去分析金融市场，打理自己的理财产品。此时，售后服务人员就起到了给客户提供保障的作用，为客户提供必要的咨询以及为客户提供快捷的资讯，可以为客户省去了解市场信息的时间，这样贴心的服务就提高了客户的忠诚度，为企业赢得了宝贵的客户资源。

4. 树立售后服务人员良好的职业道德，可以提升金融企业的良好形象

金融企业不仅仅是服务类企业，更是金融中介，联系着广大的投资者和金融市场，社会影响大，金融企业的特殊性要求金融企业必须树立良好的信用和形象，只有这样才能开拓市场，保证金融企业稳定持续的发展。售后服务是金融服务的最后一个环节，售后服务影响着客户对银行的看法，好的售后服务可以赢得好的口碑，坏的售后服务会直接影响企业的信誉，可以说，售后服务对于金融企业是至关重要的，只有售后人员树立了良好的职业道德，才能满足客户的不同需求，才能提升金融企业的形象。

二、售后服务人员职业道德的主要内容

1. 爱岗敬业

爱岗敬业是职业道德规范的最基本的要求，所有的从业者都应该热爱自己的本职工作，热爱自己的工作岗位，对自己的工作要有高度的事业心和责任感，金融售后服务人员也不例外，只有这样，才能在自己的工作中多动脑，多思考，在工作中不断创新，主动与客户联系，解决客户的问题，摸清客户的需求，用真实可靠的行动来满足客户的需求，用兢兢业业的工作来为企业创造业绩。

2. 遵纪守法

金融业是个特殊的行业，与其他行业相比，面临的金钱诱惑更大，作为金融从业人员要自始至终谨记自己的工作职责，严于律己，严格按照相应的工作流程和规定去开展业务，要主动学习金融业相关的法律，按照法律要求进行业务的开展。不做违法乱纪的事情，自觉维护金融业的信用。廉洁奉公，敢于同各种违法违规的行为作斗争，这也是金融售后服务人员的主要职责，不能盲目满足客户的需求，要有原则。

3. 诚实守信

诚实守信对于金融业来讲，比任何一个行业都要重要，以银行作为例子，银行是典型的负债经营，没有信用的商业银行是不可能持续发展的，证券业和保险业作为金融中介，不管是在替客户投资或者是为客户投保的时候，信用都是必不可少的。金融企业的信用最后都是由从业者的诚实守信的职业道德来体现的。面对金钱，能够守住自己的道德底线，这是做人的底线，更是金融从业者的底线。诚实守信是金融业的一笔无形的财富，是金融业的立身之本，竞争之本。

4. 业务优良

金融行业是一个知识密集型的企业，对员工的综合素质要求非常高，特别是近几年外资金融企业大举进入中国市场，更是对我国金融从业人员的素质提出了更高的要求，这就要求我们金融售后服务人员拥有较高的业务能力，包括沟通能力，专业技能以及很强的学习能力。要刻苦学习现代金融知识，现代市场经济知识，现代科技知识，现代法律知识，努力提高自己的金融业务水平。作为一个金融的售后服务人员，要不断地提高自己的能力，不断地更新自己的知识，使自己永远把握市场的动态，掌握前沿的金融理论，只有这样才能在激烈的竞争中立于不败之地。

5. 奉献社会

金融业是典型的服务业，工作非常繁忙，特别是对于售后服务人员来讲，要直接与客户打交道，处理的事情更加繁杂，只有热爱金融事业，乐于奉献的员工才能胜任这一份工作，不怕吃苦、任劳任怨是必备的心理素质，加班加点、东奔西跑是经常的事情，所以，作为一名金融从业者，一定要有一颗奉献社会的心，只有这样，才能胜任这份工作；从另一个角度来看，金融业在整个现代经济中，处于核心的地位，各行各业的发展都离不开金融业，金融业已经渗透到了人们的生活当中，已经成为现代社会不可或缺的一部分，这就要求金融从业者提高自己的奉献意识，全心全意奉献自己的聪明才智。

三、加强金融售后服务人员职业道德建设的主要方法

我国金融业的售后服务水平和服务能力，较之国际水平还有很大的差距，特别是职业道德建设方面，难以适应日益激烈的竞争环境，售后服务人员的职业道德水平直接决定了其所提供的售后服务的水平，所以建立一支高素质的售后服务人员队伍已经迫在眉睫。

1. 加强金融职业道德教育

进行金融职业道德教育就是通过各种形式对售后服务人员进行职业道德教育，如座谈会、例会等形式，通过一些喜闻乐见的形式来进行职业道德教育，通过教育使金融售后服务人员树立崇高的职业目标，增强自己的从业荣誉感，能够自觉的遵守职业道德规范，把职业道德的要求内化到自己的职业行为中去。

2. 建立相关的制度法规

除了良好的教育，还要有配套的制度法规来约束售后服务人员的行为，制度法规一方面要体现市场机制，完善竞争机制。例如通过制定相关的奖惩机制，对于道德素质优秀的员工要加大奖励，不仅要从精神上奖励，还要从物质上给予照顾，通过奖励来树立学习榜样，引导一种乐于奉献、大胆创业的工作氛围。另一方面，还要加大惩罚力度，对于道德素质较差的员工，要加强教育，对于违反职业道德的员工，要给予严肃处理。要通过严厉的惩罚机制来防微杜渐，拒腐防变，特别是对相关的领导干部，更要通过相关的制度来进行约束。

3. 增大社会的监督力度

要想真正了解售后服务人员的职业道德水平，最关键的还是要通过社会监督机制来进

行。售后服务人员职业道德的高低最终体现在其所提供的服务当中，体现在与客户打交道的每一个细节当中，要建立顺畅的客户反馈机制来了解售后服务人员对于客户的服务态度，要把客户反馈的主要信息作为售后服务人员业绩考核的重要指标，通过社会的监督来提升售后服务人员的素质，是一种非常有效的方法。

任务二 售后服务人员仪容仪表规范

仪容仪表，通常是指人的外观、外貌，穿戴及其人的精神面貌。对于金融企业的售后服务人员，由于工作的需要，要经常与客户打交道，在与客户的交往过程中，售后服务人员的仪容仪表不仅会引起客户的特别关注，还会影响到客户对自己的整体评价。所以，售后服务人员一定要注重自己的仪容仪表，自己的言谈举止要能体现出自己的修养和内涵，因为员工的仪容仪表不仅代表自己，更代表着企业的形象。

一、仪容仪表的重要性

1. 仪容仪表是工作顺利进行的必要条件

仪容仪表是售后服务人员带给客户的第一印象，是一张没有文字的生动的名片，好的仪容仪表给客户以舒适的感觉，有了这样一个良好的开始，售后服务人员的建议才能得到客户的认可。不仅如此，好的仪容仪表更体现了售后服务人员的内在修养，在与客户交往的过程中，不管是得体的服饰，还是礼貌的用语都体现了售后服务人员对客户的尊重。只有如此，才能赢得客户的信任，使工作能够顺利开展。

2. 仪容仪表是金融企业形象的主要代表

统一的着装，礼貌的话语，得体的手势，灿烂的微笑，挺拔的站姿，端庄的坐姿……这一切不仅仅代表了售后服务人员本人的形象和精神风貌，也体现了一种良好的服务态度，更是对金融企业的一种无形的宣传，起到了品牌宣传的效果，是企业形象的最有利的代表。所以，售后服务人员作为金融企业的重要的部分，一定要注重自己的仪容仪表对于本企业的宣传作用，在任何场合，任何业务，任何时间，都要始终注重自己仪容仪表的质量，不能因为自己的一时疏忽，而影响了企业的形象。

二、售后服务人员的基本仪容

售后服务人员做好个人仪容的基本要求，主要包括以下几个方面。

1. 清洁的整体形象

(1) 面部。售后服务人员在与客户打交道时，首先展现在客户面前的是自己的面容，所以美好仪容的塑造要从清洁的面部以及自然的微笑开始。要保持面部的清洁，及时清除面部的汗渍和油垢，要经常保持眼、口角、鼻的清洁，要及时清除相关的分泌物。男售后服务人员要把胡须剃干净，鼻毛不要露在外面。女售后服务人员要化淡妆，不可浓妆艳抹。

(2) 微笑。微笑是最能传递友好的一种行为方式，在售后服务人员与客户刚见面时，要主动与客户微笑并点头致意。微笑时，服务人员的两眼应停留在客户的两眼之间，鼻梁上方的三角地带。微笑要自然大方，任何情况下，不能面无表情，爱理不理；更不能冷笑讥笑。

(3) 头发。首先，头发要经常洗，不能有异味和头屑。其次，要选择一款适合自己的发型。男士不宜留长发，不能剃光头，前面的头发不能超过眉毛，鬓发不能碰到耳朵；女士长发若过肩应扎起或者盘起，见客户时不能戴帽子。

(4) 口腔。要时刻注意保持口腔清新，特别是与客户进行交流时，口腔不能有异味，饮食时，要注意不能吃葱蒜韭菜等刺激性食物。饭后要漱口，随身携带口香糖，在客户交流前，可通过嚼口香糖来去除异味。

(5) 手。要保持手面洁净，不留长指甲，不能涂指甲油，不能美甲。

2. 自然的化妆礼仪

化妆是女员工所必备的职业素养的一部分。金融企业要注意对女员工的化妆进行必要的培训，女员工对化妆一定要认真对待，不能随心所欲。化妆时，要注意以下几点：

(1) 化妆一定要自然。不能让人感觉到牵强，不能有明显的人工美化的痕迹。最好是化淡妆，不能浓妆艳抹。不能使用过多的胭脂，粉底要接近肤色。

(2) 化妆一定要得法。化妆要与自己的肤色脸型相搭配，还要与自己的服饰相搭配，给人一种和谐的感觉。唇膏的颜色与妆色、眼影及服饰要协调。香水应该选择淡雅清香型，且不宜使用太多。

(3) 在工作过程中，要注意维护妆面的整洁，要及时补妆，特别是在用餐后和出汗后。

三、售后服务人员服饰礼仪

金融企业的职工在工作的时候，都需要穿企业统一的工作服，这既是一种礼仪标准，又可以给客户留下美好的印象，体现出售后服务人员的专业形象。

1. 男性售后服务人员着装要求

对于男员工来讲，深色西装是最为正式的工作服，很多金融企业为男员工选择的工作服基本上都是深色的西装，西装是一种国际性的服装，穿着大方得体，特别是在正式场合下，是男士的首选。西转的穿着主要体现在以下两个方面。

(1) 西装穿着时的规范

1) 西装里要搭配衬衫，另外还可搭配一件“V”领毛衣。西装，衬衫，裤子的口袋里原则上不要装东西。站立时，要系好纽扣，坐下时，要解开纽扣，以免西服变形。

2) 穿西服时，要搭配深色皮鞋和深色袜子。皮鞋一定保持清洁，要给人一种“光彩照人”的感觉。

3) 在穿着西装时，一定要保持西装挺括、清洁，做到衣裤不起皱，穿前要用慰斗慰平，穿后要挂起，要沿裤线折叠好。

4）在系领带时，一定要注意领带的长度，不可过长，领带的末端不要超过皮带扣的中间位置。

（2）西服穿着时的搭配

1）衬衫。衬衫在穿着时，下摆要放在裤子里面。整装后，衬衣领和袖口均要比外衣长出1～2厘米为宜，衬衫要保持干净，下摆不能露在西装外面。

2）皮带。皮带颜色要与西服颜色搭配，一般来讲，深色西服要配深色皮带，浅色西服既可以配浅色皮带，又可以配深色皮带。皮带要端庄典雅，不能太有个性。

3）鞋袜。一般情况下，西服与皮鞋的颜色要保持一致。黑色皮鞋可以配所有颜色的西服，浅色的鞋子只能配浅色的西服。深色袜子可以配所有的西装，浅色袜子只能配浅色的西装。最好不要用白色袜子和彩色袜子。袜子不可过短，坐下时不能露出小腿皮肤。

4）领带。领带是西装的灵魂。在正规场合领带是必备的。在颜色搭配上，应以上衣的颜色作为领带的基础色，一般以深色条纹带为最佳。

2. 女性售后服务人员着装要求

女员工一般的着装是职业套裙，职业套裙是一种非常正式的服装，可以显示出女士端庄稳重的气质。

（1）职业套裙的穿着要领

为了能够体现出女性的典雅、端庄和稳重，一般要以冷色调为主。上衣要长度适中，最短可以齐腰，袖子最好刚刚盖住着装者的手腕。裙子不宜过短，以达到小腿的中部为宜，且以窄裙为主。职业套裙要得体，不可过肥也不可过于紧身。衬衫下摆要放入衬裤裙腰与套裤裙腰之间。

（2）职业套裙的搭配要领

1）衬衫。衬衫在颜色选择上要以单色为最佳，衬衫在穿着时，除最上面一颗纽扣可以不系以外，其他的都应该系好。衬衫的下摆不要悬垂于外面，也不要再腰间打结。在工作期间，不能脱下外衣，直接穿着衬衫。

2）鞋袜。女士在穿着套装时，不能穿凉鞋、拖鞋等，要穿皮鞋。要做到前不露趾，后不露跟。裙袜鞋三者的颜色一定要搭配好，达到整体协调。一般情况下，黑色皮鞋和肉色丝袜是最佳组合。

四、售后服务人员仪态礼仪

仪态主要是指人的姿势和举止，最主要的是指人在站立、行走时的姿势，优雅得体的仪态能够给客户以好感和信任，也能够反映出一个人的内在修养。

1. 站姿

站姿的具体要求是挺拔舒展，基本要求是双腿自然站立，两脚夹角60度；收腹挺胸，腰部正直，双肩自然平放，稍微向后下沉；双臂自然下垂，中指对准裤缝；头正，眼光平视前方，表情平和且面带微笑。禁止双手叉腰，双臂抱于胸前，手插口袋，身体东倒西歪或者身体依靠其他物体。

图 8-1 站姿

2. 坐姿

坐姿的具体要求是稳重大方。基本要求是挺胸收颌，双目平视对方。男士要求双腿分开与肩同宽，女士入座时，要根据不同的衣着选择不同的坐姿。若是裙装，则应用手背从背部腰线处向下归拢裙子，两腿要并拢，两脚同时向左或者向右放，同时双手叠放，置于双腿上。女士落座后不能整理衣裙，不要晃动双腿，不要双手叉腰或者交叉胸前。

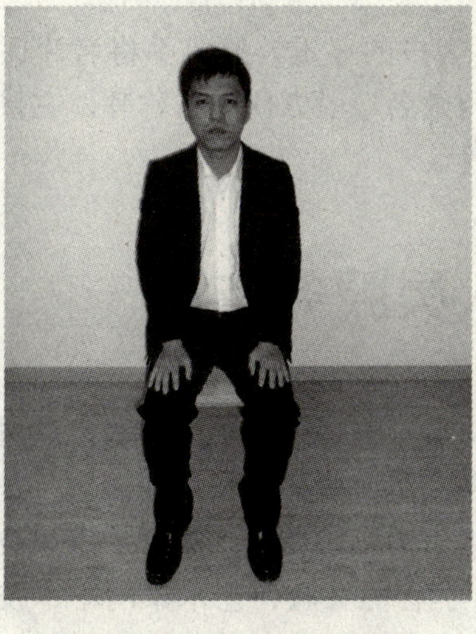

图 8-2 男士坐姿示范

图 8-3 女士坐姿示范

3. 走姿

走姿的基本要求是，男士要求稳健端正，女士要求轻盈灵敏，要给人以踏实稳重的感觉。走路时，要挺胸收腹立腰，双眼目视前方，两臂自然摆动，双肩不能晃动，脚跟先着地，步幅大小适当。走路时，不能回头张望左顾右盼，两人一起行走时，不能搭肩膀，不能追逐，在营业厅里遇到客户时，要给客户让路。

图 8－4　走姿示范

4. 互换名片

给客户递名片时，身体要微微前倾，以表示对客户的尊重，要双手将名片递送给顾客，名片要正面朝上，最好在递送名片的同时，自报姓名，以方便对方称呼。在接受客户的名片时，应用拇指与食指轻轻夹住，双手接过名片。

任务三　售后服务人员服务技巧

与售前和售中相比，售后服务有自己的特点，售后服务一般面对的顾客都是对服务不满意或者是对商品不了解的客户，所以说，售后服务人员面对的客户更加挑剔，这对售后服务人员的服务技巧提出了更高的要求，售后服务人员需要掌握更多的售后服务技巧来满足客户的需求。一名优秀的售后服务人员应当具有学者的头脑、艺术家的心、技术者的手、劳动者的脚。

一、拜访客户的服务技巧

拜访客户是售后服务人员经常用到的一种服务方法，如何拜访客户对于售后服务人员来说有很多技巧，如果在拜访客户前没有一个周密的计划和相应的技巧，就会让拜访显得没有目的，并且还会带来不好的效果。

售后服务人员在拜访客户前，应当做好各方面的准备，例如应主动了解所拜访客户的相关情况，包括姓名、职务、爱好、工作单位等，因为不同背景的客户对公司的要求不一样，所使用的方法也不一样，最好提前准备一些小礼品，以表达对客户的诚意。还要熟悉自己公司的基本情况，例如公司的相关文化，主营业务的情况以及新产品的情况等。拜访主要流程如下：

1. 电话预约

在对客户进行拜访前，应首先与客户进行时间预约，不能盲目拜访，以免给客户的生活和工作带来不便。对于客户不能及时接见的要再找时间，不要强求。

2. 打招呼

进门要先敲门，待客户允许后再进入。见面时，要主动打招呼，用亲切的音调向客户问候，让客户感觉亲切自然，并递上相关的礼品。

3. 自我介绍

主动向客户进行自我介绍。主动像客户递送名片，并在递送名片的同时进行自我介绍，让客户了解你的情况，并要向客户说明来意，在收到客户的名片时，要表示感谢。

4. 主动与客户进行沟通

要营造一个良好的气氛，以拉近彼此的距离，缓和客户对陌生人来访的紧张情绪。沟通时应首先对客户购买公司的金融产品表示感激，然后主动询问客户对产品的满意程度以及了解客户进一步的需求。在交流过程中，如果有和客户不一样的意见时，也不能与客户发生正面冲突，不要与客户进行争论。拜访结束后，要主动与客户约定下次见面的时间和地点。

案例分析

工行山西运城分行加强网银产品售后服务

为确保广大企业网银客户正常使用企业网上银行，工行山西运城分行及时成立了网上银行维护服务小组，为客户提供电子银行产品售后服务工作。

第一，坚持定期上门进行维护，检查企业网银业务交易运行情况，现场指导客户正确进行网银业务使用操作，延长网银产品使用寿命、最大限度减少业务交易中的故障率，通过现场传授指导，让每个网银客户都能熟练进行网银业务交易。

第二，加强帮助指导解决技术性难题。随时上门帮助客户进行网银业务传授指导，热情细心地为客户答疑解惑，帮助客户正确排除网银业务运行故障，让客户安全放心使用工行网银产品。

第三，加强网银产品知识宣传。主动深入企业，为单位财会人员进行系统性的电子银行业务知识学习培训，着力提高单位财会人员网银业务操作熟练度。积极帮助客户进行系统更新、客户证书下载、密码重置、增加企业网上银行账户等，从而受到了企业的广泛赞誉好评。

资料来源：http://stock.zgjrw.com/static/news/dzyh/20121217/634913393146718750.html.

二、与客户沟通的技巧

1. 沟通的一般原则

与顾客沟通应以对方为中心，先了解对方的情况，以便下一步针对性地为顾客解决问题。美国学者布吉林教授等人提出的“3A”法则，就是国际交往礼仪的一个基本的原则，其基本含义是：沟通能否成功，就看有没有向沟通对象表达出自己尊重、友善、重视之意，即接受对方、重视对方、赞美对方。由于在英文里，尊重、友善、重视的英文单词分别是Accept、Appreciate、Admire，这三个字母都以A开头，所以这个原则又被称为“3A法则”。

(1) 接受对方。在人际交往中，如果想要被客户接受，一定不要以自我为中心。人与人之间由于各方面的因素，特别是学历，生活阅历以及年龄、性别不一样，对同一件事情的看法会存在不同的观点，售后服务人员一定要站在客户的立场考虑问题，做到宽以待人，切忌不能把自己的观点强加于对方。

(2) 重视对方。一定要让客户感觉到你对他的尊重和重视。例如对于客户的电话要及时接听，对于客户的要求要及时落实，客户的问题要及时回答等，这些虽然都是一些小细节，但是却体现了你对客户的尊重。

(3) 赞美对方。售后服务人员一定要以赞美的心态和语言来与客户进行交流，让客户感觉到一种肯定。当然对客户的赞美一定要恰到好处，实事求是，不能夸大其词，以至于弄巧成拙。

2. 沟通的技巧

人与人之间沟通的主要方式是语言表达，说话是一门艺术也是一门学问，好的语言沟通会极大地提高工作的效率，提升工作的效果。不注意沟通技巧的掌握，可能会使结果不尽如人意。

(1) 内容要恰到好处。和顾客交流时，要把握好分寸，不卑不亢，语言中要透露出热情和真诚，让顾客有一种宾至如归的感觉，从而加深顾客对公司的了解以及忠诚度。不能过于夸大其词，否则会让客户感觉到厌烦。说话的时候还要根据对方的背景设计自己的表达，还要注意场合。

(2) 表达的时候要善于运用肢体语言，可以提高沟通的效果。得体的穿戴，适当的微笑和专注的倾听，优雅的肢体动作，都可以极大地提高表达的效果，这些肢体语言也是沟通的主要载体，可以避免生硬做作。例如，当见到客户时，应主动与客户握手，并点头微笑，可以很快拉近自己与客户的距离，当客户离开时，要主动挥手告别。

三、处理客户投诉的技巧

接受客户的投诉是售后服务的一项主要内容，如何处理好客户的投诉，安抚客户的心情，对于售后服务人员来讲，是一个非常具有挑战性的工作。如果做不好，就会影响客户对企业的忠诚度以及金融企业的形象，会导致企业的市场份额的萎缩。对待客户的投诉，切忌不要与客户争论，一定要站在客户的立场进行分析，避免事态的扩大。美国前总统威尔逊曾说："如果你握紧一只拳头来见我，哦，很抱歉，我会握紧两只拳头迎接你。但你若是对我说，让我们坐下来谈谈，看看意见分歧的原因在哪里，我们就会发现彼此的分歧并不大，倒是看法一致的地方更多一些；也会发觉只要我们有彼此沟通的愿望、诚心和耐心，我们就会沟通。"下面来说一些处理顾客投诉的步骤和相关技巧。

1. 倾听

处理客户投诉的第一个步骤是倾听，作为售后服务人员首先要倾听客户的投诉，在倾听过程中一定要首先表现出诚意，要用心去听，并且在倾听的过程中，不能打断客户的讲话。如果是当面倾听客户的投诉，要首先把客户请到会客室，为客户倒上水，还要注意用肢体语言去"听"。例如，售后服务人员要正视对方，身体稍微前倾以表示自己的专注。卡耐基说过一句话："喜欢挑剔的人，甚至是最激烈的批评者，常会在一个有忍耐和同情心的静听者面前，态度变得软起来。"

2. 理解

当客户在进行投诉时，心情处于非常激动的状态，并且有些顾客可能已经存在着不理智的可能，在这种情况下，作为售后服务人员在倾听的过程中，为了避免事态的扩大，一定要适时的用语言表达出对顾客的理解和肯定，这也是顾客最想要得到的。要通过点头等方式鼓励客户继续说下去，只有这样才能取得客户的信任。不能说这是规定等生硬的套话，这样会更加刺激客户，使事态恶化。

3. 分析

在充分倾听的基础上，售后服务人员要及时分析客户投诉的原因是什么，找到了原因才能找到处理问题的方法。原因主要包括主观和客观两个方面。主观方面的原因主要是由于顾客对产品不了解，或者是自身的偏见和习惯等造成的，这就需要售后服务人员对客户进行耐心的解释；客观的原因主要表现在产品或者是金融企业的员工对客户不礼貌所造成的，这就需要售后服务人员及时向客户道歉，并及时解决客户提出来的问题。

4. 处理

在倾听、理解和分析的基础上，最关键的就是如何把投诉处理好。听完客户的投诉后，要及时表达自己的观点，首先要感谢客户对公司的关注，并表达出对进一步改善工作的诚意。但切忌不能随意承诺，以免无法满足客户的需求，而引起更多的不满。解决投诉最好的方法就是用"三明治"法则。所谓"三明治"法则是指要尽量设身处地为对方着想，让顾客感觉自己重要，在赞美中解决问题；不要害怕投诉，也不要不重视客户；在自己无法解决的情况下，一定要及时向上级汇报，注意不要隐瞒问题。

案例分析

建设银行承德分行积极做好新产品售后服务工作

为进一步加强客户服务工作，建设银行承德分行认真解决客户反映较多的排队问题，他们对现有的业务流程进行梳理，在不违反制度的前提下，优化流程、优化岗位设置，提高工作效率。该分行认真做好客户流量分析，合理安排弹性排班，营业高峰时多开窗口，以缓解客户等候时间过长的问题。同时，积极做好客户的疏导和解释，尽量避开营业高峰，缓解柜台压力。

该分行努力完善一代网点转型功能，积极与有关部门协调沟通，争取在低柜区办理小额现金业务，以缓解前台压力。为落实网点服务规范标准，该分行出台实施了《中国建设银行柜面服务管理办法》、《中国建设银行柜面服务标准》、《中国建设银行河北省分行营业网点环境规范》，要求员工从仪容仪表到语言行为必须不折不扣地按照服务规范执行，实现服务质量常态化，以此推进一线柜面的客户服务规范工作，进一步树立员工服务客户形象，提高办事效率，用心服务客户、微笑服务客户，有针对性地解决客户服务需求。对于接到的客户投诉，各营业网点要实行首问负责制，无论任何时间，无论什么情况，都不能推托敷衍，必须快速做出反应，妥善进行处理。他们积极做好新产品的售后服务，要求各营业网点要高度重视，员工在向客户推介产品前，必须充分了解产品的特点，将适合的产品推荐给适合的人，要使客户在使用建行产品时真正体会到建行产品和服务为其带来的实惠和便利。

资料来源：http：//bank.zgjrw.com/News/2012917/bankchina/858851734300.shtml.

项目小结

1. 职业道德是指从业人员在职业生活中应遵循的基本道德，是对各种从业人员规定的、起自我约束作用的行为准则。金融售后服务人员职业道德是金融售后服务从业人员应当遵循的行为规范和行为准则。

2. 售后服务人员职业道德的主要内容包括爱岗敬业、遵纪守法、诚实守信、业绩优良和奉献社会。

3. 仪容仪表，通常是指人的外观、外貌，穿戴及其人的精神面貌。

4. “3A”法则，是国际交往礼仪的基本原则，基本含义是：沟通能否成功，就看有没有向沟通对象表达出自己尊重、友善、重视之意，即接受对方、重视对方、赞美对方。

任务检测

一、填空题

1. 职业道德是指________在职业生活中应遵循的基本道德，是对各种从业人员规定的、起________作用的行为准则。

2. 售后服务人员职业道德的主要内容包括________、________、________、________、________。

3. 通过建立相关的制度法规来加强售后服务人员的职业道德，一方面________，另一方面________。

4. 售后服务人员的基本仪容包括________和________两方面。

二、单项选择题

1. 职业道德规范的最基本的要求是（　　）。

A. 爱岗敬业　　B. 遵纪守法　　C. 诚实守信　　D. 业务优良

2. 通过客户的监督来对售后服务人员的职业道德进行约束，这是以下（　　）方法。

A. 加强金融职业道德教育　　B. 建立相关的制度法规

C. 增大社会的监督力度　　D. 增加银行内部控制

3. 以下（　　）不符合仪容仪表的要求。

A. 要保持面部的清洁，就要及时清除面部的汗渍和油垢。

B. 男售后服务人员可以保留胡须，这样显得比较有个性。

C. 在售后服务人员与客户刚见面时，要主动与客户微笑并点头致意。

D. 头发要常洗，不能有异味，不能有头屑。

4. 以下（　　）项不符合服饰礼仪的要求。

A. 对于男员工来讲，深色西装是最为正式的工作服。

B. 在系领带时，领带的末端不要超过皮带扣的中间位置。

C. 黑色皮鞋只能配黑色的西服。

D. 为了能够体现出女性的典雅、端庄和稳重，职业套裙一般以冷色调为主。

三、判断题

1. 女职员应该注意及时补妆，最好是在客户面前补妆，这样可以表现出对客户的尊重。（　　）

2. 站姿的具体要求是挺拔舒展，基本要求是双腿自然站立，两脚夹角 60 度。（　　）

3. 给客户递名片时，身体要微微前倾，以表示对客户的尊重，名片让客户自己去看，无须再自我介绍。（　　）

4. 售后服务人员与客户表达的时候要善于运用肢体语言。（　　）

5. 在处理客户投诉时，应该站在企业的角度进行处理，要果断，不能拖泥带水。（　　）

四、简答题

1. 树立金融售后服务人员职业道德的重要作用有哪些？

2. 售后服务人员职业道德的主要内容有哪些?

3. 售后服务人员的基本仪容有哪些?

4. 售后服务人员的站姿、坐姿和走姿的要求有哪些?

实训项目

1. 两个人一组进行微笑训练。可以用情绪记忆法，照镜训练法。

情绪记忆法：努力回忆一件快乐的事情，让自己脸上流露出自然的微笑。

2. 请同学们分组进行客户的接待训练，在训练当中，要注意仪容仪表的相关要求。

3. 在空地放几把椅子，分男女组进行坐姿训练。

4. 进行沟通技巧模拟训练，模拟情景如下：

场景 1：与客户初次见面。

场景 2：客户表达的事情没有听清楚。

场景 3：当客户咨询不熟悉的业务时。

场景 4：需要客户继续续保费。

场景 5：客户投诉时，客户情绪非常激动。

参考文献

[1] 冯景晖. 金融市场营销管理规章制度全集 [M]. 北京：中国知识出版社，2009.

[2] 史光起. 商务谈判的 12 个技巧 [J]. 中小企业管理与科技（中旬刊），2011 (8).

[3] 陈文汉. 商务谈判实务 [M]. 北京：电子工业出版社，2009.

[4] 唐小飞，周晓明. 金融市场营销 [M]. 北京：机械工业出版社，2010.

[5] 陈放. 金融产品营销 [M]. 北京：蓝天出版社，2005.

[6] 叶伟春. 金融产品营销 [M]. 北京：首都经济贸易大学出版社，2009.

[7] 陈颖. 商业银行营销教程 [M]. 北京：中国人民大学出版社，2010.

[8] 武芳琳. 民生银行客户关系维护研究 [D]. 硕士学位论文，2004.

[9] 何德旭，张雪兰. 营销学视角中的金融服务创新：文献评述 [J]. 经济研究，2009 (3).

[10] 仇新忠. 金融服务营销中的产品捆绑策略 [J]. 营销策略，2007 (2).

[11] 孙念东，王艳. 营销新视角个人金融业务的服务 [J]. 农村金融研究，2004 (11).

[12] 雷玉华. 银行柜员基本技能实训 [M]. 北京：人民邮电出版社，2011.

[13] 黄玉萍，王丽娟. 现代礼仪实务教程 [M]. 北京：北京交通大学出版社，2009.

[14] 李欣，司福亭. 现代交际礼仪 [M]. 北京：北京交通大学出版社，2008.

[15] 翟文明. 人一生中要懂得的 100 个礼仪细节 [M]. 北京：华文出版社，2008.

[16] 张然. 现代礼仪规范读本 [M]. 北京：中国致公出版社，2009.

[17] 全细珍，黄颖. 职场礼仪实训教程 [M]. 北京：北京交通大学出版社，2009.

[18] 艾沃森·艾尔林奇，杜克·范纳利. 金融服务营销手册 [M]. 广州：经济出版社，2009.

[19] 孙国辉，李煜伟. 金融企业营销管理 [M]. 北京：北京大学出版社，2008.

[20] 杨米沙. 金融产品营销 [M]. 北京：中国人民大学出版社，2011.

[21] 周建波，刘志梅. 金融服务营销学 [M]. 北京：中国金融出版社，2004.

[22] 蒋丽君. 金融产品营销实务 [M]. 大连：东北财经大学出版社，2011.

[23] 裘燕南. 银行产品营销与服务 [M]. 北京：机械工业出版社，2010.

[24] 王方华，彭娟. 金融产品营销 [M]. 上海：上海交通大学出版社，2005.